● 北京服装学院课程思政教育教学改革优秀成果 ●

艺术类专业课程思政教学设计

YISHULEI ZHUANYE KECHENG SIZHENG JIAOXUE SHEJI

詹炳宏　赵洪珊◎主编

中国纺织出版社有限公司

内 容 提 要

高校开设的课程具有传授知识、培养能力及进行思想政治教育等多重功能。教师应充分发挥课程的德育功能，提炼专业课程中蕴含的文化基因和价值要素，让学生在学习知识过程中得到精神指引。本书为北京服装学院汇集本校艺术类专业课程思政教学优秀案例而成，案例内容包括课程基本情况、课程简介、课程任务和教学目标、课程基本内容及代表性章节的课程思政教学设计，力求实现价值性和知识性的统一，使课程专业知识与思政元素深入融合，具有较强的应用性、创新性、示范性和推广性。本书适合高校教师阅读。

图书在版编目（CIP）数据

艺术类专业课程思政教学设计 / 詹炳宏，赵洪珊主编．--北京：中国纺织出版社有限公司，2024．7．

ISBN 978-7-5229-1985-0

Ⅰ．G641

中国国家版本馆 CIP 数据核字第 20241CV890 号

责任编辑：于　泽　　责任校对：王蕙莹　　责任印制：储志伟

中国纺织出版社有限公司出版发行

地址：北京市朝阳区百子湾东里A407号楼　邮政编码：100124

销售电话：010—67004422　传真：010—87155801

http://www.c-textilep.com

中国纺织出版社天猫旗舰店

官方微博 http://weibo.com/2119887771

天津千鹤文化传播有限公司印刷　各地新华书店经销

2024年7月第1版第1次印刷

开本：710×1000　1/16　印张：11.75

字数：180 千字　定价：99.00 元

前 言

全面推进高校课程思政建设，是落实习近平总书记关于教育重要论述、落实立德树人根本任务的战略举措。为进一步落实《北京高等教育本科人才培养质量提升行动计划（2022—2024年）》（京教高〔2021〕8号）、《北京服装学院本科人才培养质量提升行动计划（2022—2024年）》和《北京服装学院课程思政建设与改革工作实施意见》，完善铸魂育人体系，北京服装学院坚持以习近平新时代中国特色社会主义思想为指导，坚守“为党育人、为国育才”初心使命，坚持社会主义办学方向，全面贯彻党的教育方针，聚焦立德树人根本任务，扎实推进习近平新时代中国特色社会主义思想进课堂、进教材、进头脑，大力促进思政教育与专业教育相融合，围绕国家发展战略，面向纺织服装、时尚和文化创意产业，服务北京“四个中心”建设，坚持“以艺为主、服装引领、艺工融合”，艺、工、经、管、文多学科协调发展，建设中国特色、世界一流时尚高校。

自建校以来，在建设中国特色世界一流时尚高校、契合新时代首都发展要求的高水平特色型大学的新阶段，北京服装学院始终秉承产业报国情怀，始终关注国家需要和人民需求，紧密联系行业，坚持为人民而设计，以“党旗红”引领“时尚红”，把红色底蕴深深扎根在办学实践中，构建了“共研共创 同向同行”北服特色课程思政教学体系。积极营造“探究、合作、分享、创新”的教研文化，建立“优化模式、分类施策、拓展途径”的工作体系，将“知识+思政元素”提升至价值观层面，深度挖掘特色思政元素，课程思政建设突出地区特色、学校特色及专业特色。

学校坚持多措并举，全面深入落实课程思政高质量建设工作。推进旨在实现“三全育人”的课程思政工作方案，深化北京服装学院特色“大思政课”综合改革，组织开展课程思政教学能力与水平提升系统性培训，建立思想政治理论课教学部教研室与各教学单位教研室联动机制，打造基于服务党和国家需要、服务地方发展的重大项目任务的课程思政实践教学平台，组织召开学校课程思政建设工作专题研讨会和教师课程思政建设工作座谈会，规范课程思政教学大纲，组织开展优秀课程思政教学设计评选，开展“每日一推”课程思政示范课程、优秀课程思政教学设计系列推广活动。在实践中逐步探索明确课程思政建设发展目标、实现路径和具体举措，并一一落实。最终形成“院院有精品、门门有思政、课课有特色、人人重育人”的良好局面，为探索形成面向未来、独树一帜的时尚高等教育高质量发展铸魂强基。

学校自 2017 年启动课程思政建设工作以来，即明确了课程思政建设工作的基本原则：一是坚持试点先行、循序推进原则；二是坚持重点突破、点面结合原则；三是坚持名师引领、带动全员原则。按照上述原则，学校开展了一系列课程思政建设推进工作。通过由点及线到面有序推进课程思政在全课程中的应用。

2017 年 10 月，《北京服装学院特色课程思政工作的研究与实践》课题入选 2018 年北京高校思想政治工作难点攻关计划项目，学校遴选了多位课程思政意识强，在知识传授中注重价值引领，将思想政治教育融入课程教学全过程的知名教授与中青年骨干教师，组成课程思政教学团队，开展了课程思政示范课程建设工作，培育形成学校首批课程思政示范课程。同时完成课程思政教学大纲、教案等相关教学文件梳理。2019 年，学校开展课程思政试点课程建设项目，2020 年试点课程建设成果全部通过结题验收并在全校进行推广。2021 年，学校持续开展课程思政教育教学改革专题项目及思政课程暨课程思政“最美课堂”评选，以及课程思政建设优秀案例征集工作，同年组织开展北京高校课程思政示范课程、教学名师和团队建设和评选。2023 年，学校培育形成 4 门北京高校课程思政示范课程，4 个北京高校课程思政教学团队和多名北京市课程思政教学名师，建设了课程思政优秀教学设计案例库。此外，学校多措并举，一是组织开展多种形式的课程思政专题培训，提升广大教师课程思政教学能力；二是组织广大教师撰写课程思政教学案例，遴选优秀案例汇入《北京高校课程思政建设优秀案例集》；三是研制《北京服装学院课程思政建设评价办法（讨论稿）》，让每位教师每门课程的课程思政建设工作的推进有据可依，同时发挥优秀成果的示范效应带动学校课程思政建设整体水平和育人效果大幅提升；四是建章立制，充分调动教师的积极性，把课程思政教学效果作为教师评聘考核的重要参考内容，对在课程思政建设方面取得积极成果的教师予以表彰奖励，对课程思政方面的教学改革予以重点支持。学校课程思政建设工作经验总结在北京高校中广泛推广。

自 2021 年起，学校连续三年开展课程思政教育教学改革专题项目建设工作，共批准立项 153 项。本书为学校 2021 年第一批课程思政教育教学改革专题项目结题验收成果之一，也是 2021 年北京高等教育“本科教学改革创新项目”重点项目——《“共研共创 同向同行”北服特色课程思政教学体系构建与实践》的阶段性成果。

本书涵盖 23 门课程，每门课程均从课程基本情况、课程简介、课程教学目标、课程基本内容及要求和课程思政教学设计等方面进行阐述，在课程教学目标中既写明了教学目标，也写明了思政教育目标；课程基本内容及要求采用表格形式，阐明课程蕴含的思政元素，列举出每一章节的课程思政教学知识点；每门课程都撰写了一个代表性章节的完整教学设计，包括所处课程阶段、主要内容、课程思政教学改革的创新点、蕴含的思政元素分析、课程思政教学效果评价等，从知识传授、能力培养、价值塑造三个方面阐述教学目标，阐明课程思政教学的总体理念和思路，结合课程内容有机融入思想政治教育的总体教学设计，结合教学实践做出教学反思，并结合课程思政教学整体设计，详细写明教学内容、教学方法、教学过程，以及课程思政内容如何在教学中落实；同时对教学效果进行简要分析，总结存在的实际困难与问题，提出改进思路等。方便相关课程的教师对照交流学习。

本书是对过去成果与经验的总结、分享，通过与广大教师、专家互相交流学习，以期对未来工作提出更高要求，进一步强化课程思政建设的良好氛围。课程思政建设工作任重道远，敬请各位教师、专家批评指正，多提宝贵意见和建议。

詹炳宏　赵洪珊

2024 年 2 月

目　录

匠心传承，使命担当

完成人：李健　审核人：郭瑞良

一、课程基本情况

课程名称：女装结构设计

授课对象：服装与服饰设计专业（女装方向）大学三年级学生

课程性质：专业课

二、课程简介

本课程为服装与服饰设计专业（女装方向）的特色课，是专业必修考试课。课程通过教授有关女装结构造型的原理性内容和女装成衣纸样实用技术，为各类女装的结构设计提供理论依据，使学生全面掌握女装结构设计的基本理论和变化原则，推动服装结构教学摆脱传统的以经验为准则的状态。通过学习课程，学生从科学的角度审视服装结构设计，并以严谨的态度，将人体作为研究的出发点，从根本上认识服装与人体的结构关系，在熟悉课程知识的基础上，更加注重纸样的变化技巧及关键技术，锻炼学生的灵活、熟练应用专业技能的能力。

本课程主要以人体体型特征规律为基础，结合人体活动或运动需求，规范制图标准，完成对各种服装品类的结构设计，实现服装从平面设计效果图到立体成衣造型的转化过程，同时考虑制作时的工艺和面料等的要求。结构设计决定了服装的穿着合体性、造型美观度，也决定了服装的穿着舒适性。因此本课程对技术性和艺术性都有较高的要求，又具有很强的通识性，需要理论与实践密切结合。

三、课程教学目标

（一）思政目标

1. 培养学生文化自信

文化是一个国家和民族屹立于世界的根基。服装从起源到发展，积淀了悠久的历史和文化财富。女装结构造型课程的内容包含中国传统服装结构造型到现代立体结构造型的演变过程中的各种形式，服装结构造型的变化是传统文化思想与社会发展需求相融合的结果。期望在服装结构造型教学中融入中国传统文化思想的内容，树立和增强学生的民族自豪感和文化自信心，并使学生意识到热爱并传承中华传统文化是当代青年的使命。

2. 培养学生家国情怀

我国是纺织大国，纺织服装行业的前辈们为发展我国相关教育和科研等事业做出重要贡献，体现出强烈的家国情怀。教学内容中的服装制作与我国纺织服装产业的变革以及企业在服装生产过程中承担的社会责任等密切相关。我国由“纺织服装大国”向“纺织服装强国”发展的趋势日渐明显，中国服装产业从“中国制造”向“中国创造”转型过程中，教师应关注培养学生家国情怀，以建设纺织创新强国为使命，培育民族品牌，振兴民族产业。

3. 培养学生美学思想

服装是体现文化自信和民族精神的载体之一，出色的服装结构设计是实现完美服装造型的前提。结构线的设计除了具有使服装穿着合体舒适的功能，还具有提升外观造型的功能。美学思想始终贯穿教学过程，教师应以此激发学生对美的追求和对生活的热爱。

4. 培养学生科学探索精神

课程采用理论教学与实践教学相结合的方式，通过实践，培养学生的动手和思考能力，让学生能够发现问题和解决问题，增强其科学探索精神，培养其严谨治学态度。

5. 培养学生职业素养

纺织服装业是“一带一路”沿线国家产能合作引领性产业，正呈现产业集聚的趋势。本课程的主要教学内容使学生意识到要制作一件完善的服装，需要从精准测量人体尺寸到制板、制图，再到面料性能以及工艺匹配的考量。传承千年的服装制版技术技艺的每个环节都需要学生具有仔细认真、吃苦耐劳、态度严谨、一丝不苟的态度，教师应培养学生爱岗敬业、精益求精的工匠精神。

（二）教学目标

①学生了解女装结构设计的专业术语和符号的运用。

②学生理解女装结构设计原理，包括衣身、领子、袖子及下装结构设计原理和方法。

③学生掌握女装结构设计中松量的概念及应用。

④学生掌握各类女装结构样板制作流程，并灵活运用。

⑤学生能熟练运用所学知识，独立完成典型服装的结构设计和样板制作。

⑥学生能根据所学知识判断服装结构设计中所出现的质量问题并提出相应的解决方法。

四、课程基本内容及要求

本课程的基本内容及要求见表 1。

表1　课程基本内容及要求

课程章节	知识点	课程思政教学知识点
第一章　概述	了解：课程内容简介 了解：课程预期达到的目标 理解：为什么要学女装结构，如何去学女装结构设计，与其他专业课程的关系	以人为本的科学发展观 科学探索精神 家国情怀 艺工融合的美学思想 职业素养（工匠精神） 技艺传承的文化自信
第二章　原型基础上的衣身结构设计原理	了解：人体的基本结构和体型特征 理解：衣身省道形式与人体的关系 掌握：省道在衣身款式变化中的结构设计原理 应用：分割线变化在纸样上的应用	以人为本的科学发展观 技艺传承的文化自信 职业素养（工匠精神） 严谨的科学精神 艺工融合的美学思想 文化自信与文化传承

续表

课程章节	知识点	课程思政教学知识点
第三章　领型的结构设计与变化	了解：领子及装领位置的各部位名称及构成要素 理解：领子与颈部的空间关系，领型的变化与纸样调整 掌握：立领、立翻领、平翻领和翻驳领的纸样设计原理 应用：各类领型与领口的关系	以人为本的科学发展观 技艺传承的文化自信 职业素养（工匠精神） 严谨的科学精神 艺工融合的美学思想 文化自信与文化传承
第四章　袖子的结构设计与变化	了解：人体与袖子基本立体形态的关系 理解：袖窿深和袖山高的关系，袖子造型要素 掌握：普通装袖的设计与纸样构成的基本原理 应用：各种袖型纸样设计	以人为本的科学发展观 技艺传承的文化自信 职业素养（工匠精神） 严谨的科学精神 艺工融合的美学思想 文化自信与文化传承
第五章　女上装结构设计方法与应用	了解：人体尺寸与成衣结构设计方法 理解：合体类成衣与人体的关系 掌握：合体类成衣的结构设计原理及方法 应用：时尚女上衣纸样设计应用	以人为本的科学发展观 技艺传承的文化自信 职业素养（工匠精神） 创新的科学探索精神 艺工融合的美学思想 文化自信与文化传承
第六章　款式应用	了解：宽松服装、紧身服装的结构特征 理解：廓形服装、紧身服装的结构设计原理 掌握：局部服装结构设计的方法 应用：拓展服装结构设计的思路	以人为本的科学发展观 技艺传承的文化自信 职业素养（工匠精神） 创新的科学探索精神 艺工融合的美学思想 文化自信与文化传承
第七章　下半身女装结构原理及变化	了解：基本下装结构与人体的关系 理解：典型裙裤的结构设计原理 掌握：典型裙裤的结构设计方法 应用：变化裤型的纸样设计	以人为本的科学发展观 技艺传承的文化自信 职业素养（工匠精神） 创新的科学探索精神 艺工融合的美学思想 文化自信与文化传承

五、课程思政教学设计

（一）教学设计

课程思政建设遵循“以人为本”的原则，围绕学生教育的需求开展，课堂教学的过程是引导学生学习知识的过程，是锤炼学生心志和提升其涵养品行的过程，所以教师在课程的教案设计时，始终从学生角度设置育人目标，学生作为学习主体，教师主要起导向作用来进行。“女装结构设计”是一门通识专业课程，因此，本课程思政教学以专业知识内容作为载体，在专业知识的教学过程中有效有机地把“育人元素（素材）”渗透进去，从而提升价值高度，使价值高度与专业深度两者有机关联。

课程整体采用上课理论讲授、问题课堂讨论及实践相结合的方式进行，通过“问题导入—讨论思考—解决问题—价值认同”的渐进式教学方法，逐步训练学生学会思考。从知识目标、能力目标、情感目标、价值目标四个层面完成教案的设计。

考虑到专业课程思政教学的创新性与趣味性，本课程采用视频案例引入法开始课程第一节的教学。教师选择“北京冬奥制服”相关的视频和主题作为课程案例，希望引起学生的情感共鸣，使学生带着热情和激情进行课程的学习，将思政元素无形融入其中。本课程的思政教学目标是激发设计学生学习服装技术的积极性，传承匠心精神，增强学生作为新时代年轻人的使命感和责任感，使学生明确学习目标，将个人的专业学习和未来发展与国家的需求和民族的命运相结合，为实现伟大的中国梦而不断努力学习和探索。

本节课案是“女装结构设计”课程的概述部分，是课程的第一节课。教师通过概述内容的设置，使学生清晰地了解本门课程学习的专业内容和预期达到的课程目标，学生只有了解了课程“要学什么”“为什么要学”“应该如何去学”，才能目标清晰地在接下来的过程中去学习和实践。

课案目标是：

知识目标包括：服装结构设计的内容和作用，人体与服装的构成关系，服装造型的实现过程。

能力目标包括：通过图示和视频拓展学生的视野，培养独立思考、勇于创新的能力和积极探索求真的精神。

情感目标包括：通过北京冬奥视频，使学生为中国体育事业及服装科技的发展感到自豪和震撼，坚定自己的理想信念。

价值目标包括：培养学生科学探索精神、职业素养、家国情怀和使命意识，让学生坚定社会主义核心价值观。

课案的具体知识点与思政元素的融入过程：

①通过图表形式帮助学生理解第一个知识点，即服装结构设计的作用，使学生了解服装结构设计在整个商品开发流程中所处的环节，使学生了解本课程知识点的应用出口，了解在企业实际产品研发中结构设计起的作用，以及与其他商品开发环节的关系，即与其他专业课程的相关性。

②通过图表方式帮助学生理解第二个知识点，即人体与服装的构成关系，使学生理解服装结构设计“以人为本”的设计理念，从人体出发，考虑人体因素（尺寸、形态、活动运动等）、服装构成因素（结构纸样、缝制）、人体与服装空间关系要素（松量），并结合服装的面料物理特性及设计需求（设计因素）等而进行的。利用图表初步理解这个知识点的同时，引入《双奥之城——北京冬奥制服装备筹备纪实》的视频，以冬奥制服的结构设计应用案例作为切入点，并通过对视频关键点的解读，使学生理解服装结构设计所包含的内容，结构设计过程中体现出的科学探索精神，技艺传承的文化自信，大国工匠精神、职业素养与家国情怀。通过视频中专家们对制服设计过程感受的分享，学生在看视频的过程中能将专家的分享与自己的思考有机结合，进一步明确服装结构设计与服装设计和服装造型的关系，做到艺工融合，将美学思想应用到结构设计中。

③视频结束后，课堂讨论 5 分钟，学生交流分享观看视频感受，交流对服装结构设计的内容及作用的初步理解。

④通过图示引入和讲解第三个知识点，即服装造型的实现过程，图示将“人体—结构—设计—工艺”在造型中的关系清晰表达出来。通过对图的讲解及对视频的回顾，引导学生体会冬奥制服的设计是如何将中国传统的文化底蕴通过服装展现出来，如何展现创新大国形象、凸显中国文化形象的，进而理解科技创新的作用，坚定文化自信。

⑤布置课后调研作业，学生通过资料 / 视频查阅和市场调研，收集女装典型款式，初步了解市场女装结构特征，为后期内容的学习和实践做好款式准备，同时结合市场和实际应用去消化和理解课上学习的知识点从而能够从结构设计的角度去看服装造型，为课程的学习奠定基础。

（二）教学实践

课程名称：女装结构设计——第一节 概述（45 分钟）。

课程目的：使学生在学习课程专业内容前，了解课程内容，了解课程预期达到的目标；理解学习女装结构设计的作用及学习方法；了解与其他专业课程的关系。

教学内容：服装结构设计的内容和作用，人体与服装的构成关系，服装造型的实现过程。

1. 服装结构设计的内容和作用（10 分钟）

（1）教学目标

了解：商品（服装）开发的流程。

理解和掌握：服装产品开发的要素，服装结构设计在产品开发流程中的定位，服装结构设计与服装设计的关系。

（2）教学过程

①概述总结上一门课程（服装结构基础）知识点，引出本课程的内容，以及本课程与结构基础课程的关系。本课程的主要学习内容包括衣身、袖子、领子和下装的结构设计原理与方法及款式具体应用。

②通过图表展示引入商品开发流程（见图 1），提问式引导学生以目标为导向从整体视角去理解服装结构设计在商品开发中的定位。

③归纳总结。通过图表中标示出的要素 1~*n*，包含服装设计、服装结设计等在内环节，使学生理解专业课程的关系，实现培养方案里设置的专业课程与实际应用的契合。

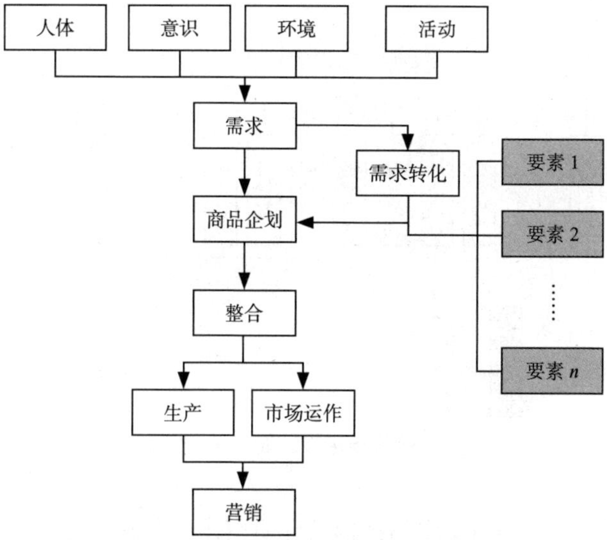

图1　商品开发流程

（3）教学方法

图表法、归纳总结法、提问引导法。

思政知识点：工匠精神，职业素养，科学探索精神。

（4）思政知识点的落实

图表中，将结构设计的过程隐形化，通过了解企业实际商品开发过程，让学生思考结构设计在产品开发环节所处位置。设计本环节是因为学生的学习过程不能完全靠接受知识的灌输，学生需要在接受知识学习引导的同时学会思考和分析，勇于探索和尝试，融会贯通。

2. 人体与服装的构成关系（5 分钟讲解 +15 分钟观看视频）

（1）教学目标

理解：人体与服装的构成关系中结构设计环节的定位，服装结构设计中的主体定位，服装结构设计的相关要素。

（2）教学过程

①通过图示（见图 2）引入人体与服装的构成关系，使学生理解服装结构设计在人体与服装的关系里的定位，图 2 中已用不同颜色标出。

②图 2 中给出服装结构设计需考虑的因素，区分与服装舒适性等的关系与区别。

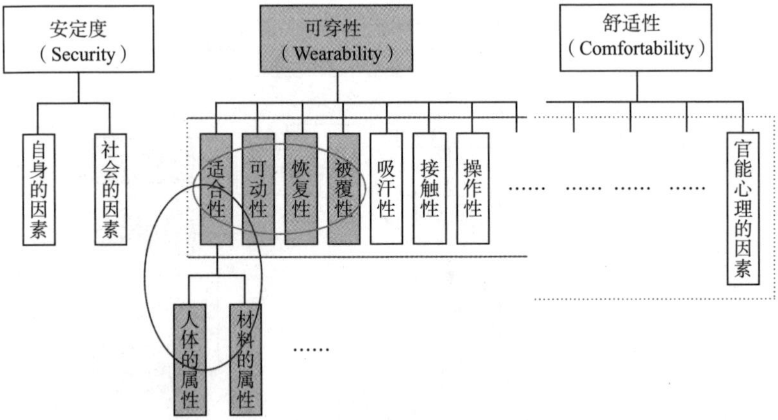

图2　服装结构设计需考虑的因素

③视频导入。以冬奥制服的结构设计应用作为案例，让学生观看北京冬奥会制服筹备视频，通过案例整体理解相关知识点的内容。

④通过视频，强化课程相关知识点：制服从二维的设计到三维的服装转化，正是从服装设计到成品所必需的结构设计过程。通过视频，让学生了解服装的结构设计包括从测量人体尺寸到制板、制图，再到面料和工艺匹配过程，是完成一件完善服装造型的必备。

⑤结合专家们提到的“板型一改，设计的线条跟随改动和调整”，教师给学生讲解结构设计（板型设计）与外观造型设计的一体关系。

（3）教学方法

图表法、提问引导法、视频导入。

（4）思政知识点的落实

①视频里冬奥服装设计加入的行云流水、长城等很多传统元素，是民族文化的体现和象征，是美学思想的体现。

②制服研发环节，经过了“8 次改板，板型设计复杂而严谨，结构线非常讲究，差一点不行”，才能使外观设计与结构板型设计浑然一体。由此，学生不仅能理解结构设计的重要作用，同时也能感受到其中体现出的工匠精神、严谨态度、吃苦精神。

③视频里展示了研发制服的过程，体现了制服设计团队的团队意识，团队精神、责任担当、家国情怀、文化传承与文化自信等思政元素无形融入了教学中。

3. 视频观后分享和讨论（5~10 分钟）

（1）教学目标

分享情感感受和理解服装结构设计。

（2）教学方法

讨论分享。

（3）思政知识点的落实

通过交流分享，增强学生对专业知识点的理解程度，教师应实时了解思政元素的渗透情况。

4. 服装造型的实现（5~10 分钟）

（1）教学目标

理解：人体、服装设计、服装结构设计、服装工艺之间的关系，造型实现过程的关键环节。

（2）教学过程

①结合学生对视频内容的思考，回到课程内容。通过图示（见图 3）总结人体、服装设计、服装结构设计及服装工艺的关系，并使学生理解造型的实现过程。

②基于课程的概述内容强化学习女装结构设计的方法，引出正式课程的第一部分内容——衣身的结构设计原理。

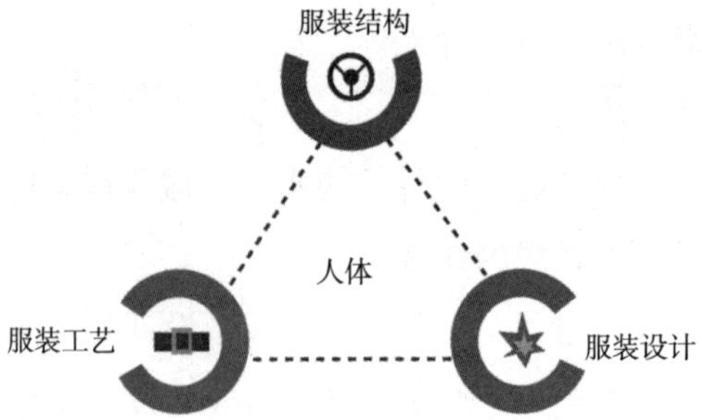

图3 服装造型实现过程

（3）教学方法

教学方法包括图表法、归纳法。

（4）思政知识点

思政知识点包括工匠精神、使命担当、文化自信。

（5）课后作业

结合本节课学习的知识点，课后进行照片资料 / 秀场视频的收集查阅及市场调研，理解、消化和吸收课程内容。

（三）教学反思

课堂通过将大型活动的视频、图片、实物等案例与专业知识点结合，无形地引入思政元素，能引起学生强烈的情感共鸣，激发学生的学习兴趣和激情，同时课程的辐射作用也比较广，除了专业知识的延伸，对学生学习和成长过程的思想和励志方面起到较强的影响作用。教师后期将继续挖掘思政元素，探索更多更新的教学方法，继续推进思政教学，并结合教学方法的改进使之更加清晰化。

改进措施：

①不断完善教学设计和整体规划，将已收集的案例进一步理解，深化教育目标；不断更新有育人元素的教学案例，使案例更加形象化和可视化；不断创新多学科的教学合作，拓展教学资源。

②创新教学方法和教学载体。理论与实践相结合，重视激发学生的学习兴趣，发掘提升研究生的自主学习能力，使学生学以致用、融会贯通，逐渐形成并完善方法体系。

③通过实践，不断改进和完善考核评价机制。注重考核形式的多样性，有效性和可操作性，加强对学生基础知识、创新性思维和分析解决问题能力等的考查。

④完善课程的实践教学成果形式，充分体现课程思政的效果。

⑤积累教学成果，形成优秀思政教学示范课程。

以中国先秦服饰为例谈“中外服装史”课程思政教学改革

完成人：陈果　审核人：郭瑞良

一、课程基本情况

课程名称：中外服装史

授课对象：服装设计与工程专业（辅修）大学三年级学生

课程性质：学科基础课

二、课程简介

（一）课程内容

本课程是面向服装设计与工程专业（辅修）大学三年级学生的学科基础课，系统介绍中国、外国服装发展的历史。本课程所用教材为贾玺增所著的《中外服装史》（第2版）。中国服装史部分主要介绍先秦及封建社会各朝代、近现代服装状况及演变脉络；外国服装史部分主要以西欧各国服装发展进程为主线，重点讲述古代、中世纪及近现代服装的变迁过程。

（二）课程特点

本课程学习资料丰富，以时间为顺序梳理中外服装演变历史和发展规律，包括服饰制度、服装形式、服装材料、服装纹样等，条理清晰、深入浅出，是一门学习服装知识和历史文化的趣味性课程。

本课程高度重视课程实践性。课程作业以小组形式完成，学生根据授课老师讲授的历代典型服装特色和课后发放的延伸学习资料自主研究和思考历代服装的特点，制作不同时期服装实物，在实践过程中强化对知识点的记忆和对中国传统服饰文化的深刻理解。

三、课程任务和教学目标

（一）课程任务

学生通过对各个时期、不同地域服装发展特点的了解，认识服装发展变化的规律，开拓视野，提高修养，增强对服装发展趋势分析和预测的能力。

（二）思政目标

本课程要求学生深刻理解中外历代服装的特性及发展历程，让学生树立知识自信和理论自信。学生应正确对待“继承与发展”“批判与吸收”“古为今用”，既要弘扬中华民族优秀的服饰文化，又要学习全人类服装文化的宝贵经验。

（三）教学目标

让学生了解并掌握服装史学的学习方法和学科特性，深刻理解不同时期服装的特点及产生的历史背景和原因，总结和梳理服装的发展变化规律。

四、课程基本内容及要求

本课程的基本内容及要求见表 2。

表2　课程基本内容及要求

课程章节	知识点	课程思政教学知识点
第一章　概论	中西方服饰文化比较	从中国古代服饰区别于同时期西方服饰的独特性谈文化自信
第二章　中国服装史：原始时期服饰	中华服饰起源——旧石器时代和新石器时代服饰	从石器时代骨针、纺轮、织机、织物残片等出土实物谈文化自信
第三章　中国服装史：先秦与秦汉时期服饰	夏商西周服饰特点，中国古代服装的基本形制，春秋战国时期服饰特点，秦汉服饰特点	从江陵马山一号楚墓和马王堆汉墓出土服饰实物谈科学精神，从汉代丝绸之路和今天的“一带一路”谈文化自信
第四章　中国服装史：魏晋南北朝与隋唐时期服饰	鲜卑服饰特点，隋唐五代男装的双轨制，隋唐女装的演变	从鲜卑服饰和胡服对隋唐时期服饰的影响谈文化的传承与兼容并蓄

续表

课程章节	知识点	课程思政教学知识点
第五章　中国服装史：两宋及辽金西夏元时期服饰	宋代服饰特点，辽（契丹族）、金（女真族）、西夏（党项族）、元（蒙古族）服饰特点	从各族服饰文化的交融与创新谈中华民族服饰文化的多元一体特性
第六章　中国服装史：明清时期服饰	明代服饰特点，清代满族和汉族服饰特点	从“江南三织造”和缂丝等工匠精神谈职业素养
第七章　中国服装史：民国及新中国成立后服饰	民国时期的三次服制条例，旗袍和中山装演变，新中国成立后的服饰发展与变革	从科技的发展谈文化自信，着眼国际树立创新发展的意识
第八章　外国服装史：古代各大文明服饰	古埃及和两河流域服饰，古希腊和古罗马服饰	通过实际动手实践，掌握多利安式希顿和爱奥尼亚式希顿的区别
第九章　外国服装史：中世纪时期服饰	拜占庭服饰，中世纪早期服饰，日耳曼人服装，罗马式时期服装，哥特式时期服饰	哥特式时期是古今、东西方服装构成的分水岭，西方服饰进入立体化，而同时期的中国服饰仍然保持平面化，谈世界服饰文化的多样性
第十章　外国服装史：文艺复兴时期服饰	意大利风服饰，德意志风服饰，西班牙风服饰	体现人的价值，表现对人的关注，引发学生对“以人为本”的思考
第十一章　外国服装史：十七、十八世纪欧洲服饰	巴洛克时期服饰，洛可可时期服饰	巴洛克时期男装（三件套、衬衫、领带）成为近代男装的雏形，谈文化的延续性和传承性
第十二章　外国服装史：法国大革命和十九世纪欧洲服饰	新古典主义和帝政时期服饰，浪漫主义时期服饰，克利诺林裙撑时期、巴斯尔臀垫时期	新古典主义时期由于古代遗址的发掘，人们重新对古文化关注，艺术风格向“朴素高尚、平静伟大”的古典文化转移，谈返璞归真的人生哲学与修身养性的关系
第十三章　外国服装史：二十世纪欧洲服饰	现代女装的开端与形成，女性的回归与战时着装，新风貌与造型时代，年轻风暴，时尚多元的时代	第一次世界大战后女性由家庭走向社会，女装向机能化方向发展，谈平权思想和社会主义核心价值观

五、课程思政教学设计

（一）教学设计

1. 基本情况

本节课程所授章节为第三章 中国服装史：先秦与秦汉时期服饰的“第一节 先秦服饰”，教学时间为学期第一周，共 1 学时。

2. 教学目标

（1）知识传授

让学生掌握夏、商、西周、春秋战国时期服饰特点，深刻理解服饰特点形成的历史背景和原因。

（2）能力培养

让学生掌握以出土实物等事实为基础，分析和解读服饰文化的基本理论与方法。让学生掌握先秦服饰特点，并学会运用先秦服饰文化进行传承性创新设计。

（3）价值塑造

让学生深刻理解中国古代服饰在先秦时期的发展历程，由此让学生树立知识自信和理论自信，使学生理解中华民族多元一体格局的内涵，把握各民族交往交融的积极价值，树立正确的国家观、民族观、历史观、文化观。

（二）教学实践

1. 教学内容

（1）夏商西周时期服饰的特点

①奴隶社会的服饰文化背景。中国从公元前 21 世纪进入奴隶社会，出现了我国历史上第一个王朝——夏王朝，史传夏朝第一位国王夏禹崇尚黑色。公元前 16 世纪夏朝灭亡商王朝建立，直至公元前 8 世纪的西周末，是奴隶制社会的鼎盛阶段。

②“礼”与等级制度、章服制度。奴隶主阶级把服饰作为礼的内容，服饰除了蔽体的功能，还被当作“分贵贱、别等威”的工具，所以对服饰资料的生产、管理、分配、使用都极为重视。由于奴隶主与奴隶之间的根本对立，奴隶主阶级不但垄断了服饰资料，而且为了稳定奴隶主阶级内部的秩序，规定了等级制度和相应的章服制度。

③礼服。国王举行各种祭祀活动时，根据典礼的轻重，分别穿六种不同形式的冕服，总成“六冕”。此外，六冕还与大带、革带、韨、佩绶、赤舄等相配，并根据穿着者身份地位高低，在花纹等方面加以区别。周代国王的礼服除六冕之外，还有四种弁服。王后的礼服与国王的礼服相对应，也分六种规格。

④一般服装、戎服。此小节内容包括自天子至士皆可穿的“玄端”、上衣下裳连属制的“深衣”、带有夹层的“袍”、短衣“襦”、御寒的“裘”、考古发现的商周时期铜盔和胸甲。

⑤“十二章”服饰纹样。奴隶社会的服饰纹样是其典章制度的一个标志，纹样的政治意义大于审美意义，最重要的纹样为国王衮服上的十二章纹。奴隶制度在战国时期瓦解，但此章纹由于在思想意识上具有巩固统治阶级皇权的功能，一直为历代封建帝王所传承。

⑥首饰和配饰。此小节内容包括发饰（笄、梳）、耳饰（玦、瑱、珰、环）、佩璜等。

（2）春秋战国时期服饰的特点

①中国服装史的第一次变革——赵武灵王推行胡服骑射。商周时期的传统服装，一般为襦、裤、深衣、下裳配套，或上衣下裳配套；裳穿于襦、裤、深衣之外，裤为无裆的套裤，只有两条裤管，穿时套在胫上，也称胫衣。这种装束穿戴繁复、穿着费时，人体运动也极为不方便，尤其不能适应战争。春秋时期，位于西北的赵国经常与相邻的游牧民族发生军事冲突，游牧民族善于骑马射箭，能在崎岖的山谷地带出没，而汉族习于车战。公元前307年，赵武灵王决定进行军事改革，训练骑兵，而发展骑兵首先需要进行服装改革，具体的做法是学习胡服，废弃传统的上衣下裳，将传统的无裆套裤改成有裆的裤子。

②春秋战国时期服饰文化的考古发现——湖北江陵马山一号楚墓。江陵马山一号楚墓共出土了35件衣物，其中包含20件服饰，囊括了绵袍、单衣、夹衣、单裙、绵绔、帽、麻鞋、秋衣。保存十分完好，为春秋战国时期服饰研究提供了宝贵的实物资料。

③春秋战国时期的服饰纹样。春秋战国时期的装饰艺术风格由传统的封闭式转向开放式，造型由变形走向写实，轮廓结构由直线走向自由曲线，艺术风格由静止凝重走向活泼生动，至商周时期，矩形、三角几何框架和对称手法仍

继续运用。

④春秋战国时期的服装款式主要分为袍（正裁、斜裁）、单衣、夹衣、单裙、绵绔。

⑤春秋战国时期的首饰和配饰包括笄、梳子、篦子、玉玦、带钩等。

2. 教学方法

①组织学生预习，通过阅读学习资料提前预习章节内容。

②组织学生分组讨论。

③教师对学生分析问题、解决问题的过程中学到的知识、获得的能力及遇到的难题进行点评。

④通过典型服饰案例分析，让学生深刻了解和掌握服饰的纹样、形制、材质等特点。

⑤布置作业，学生通过仿制不同历史时期的典型服饰类型，进一步思考该服饰的造型特点和形成的原因。

3. 教学过程

分为理论引入、问题导出、案例分析、理论升华四部分。

4. 课程思政在教学改革中的创新点

①学生分组讨论便于更加深入地思考。

②教师根据学生预习的过程中遇到的问题，有针对性地展开教学，教学效果更佳。

③在授课内容上以问题为导向，主要围绕出土实物展开教学，以服装学为基础，融合考古学、社会学、民族学等多学科交叉视野，开阔学生的视野，引导学生将发散与聚焦思维相结合。

④将家国情怀、中国传统服饰文化的传承与创新结合，融入现实设计问题的思考之中。

5. 课程蕴含的思政元素分析

①中国自古是礼仪之邦，礼制在中国传统服饰文化发展中具有非常重要的作用。先秦开始章服制度之中就有礼服的使用，不同的场合、时间、穿着者需要穿着不同类型的服饰。此外，一般服饰中的深衣，也承载了儒家文化尊崇礼仁的精髓，深衣的设计及制作均体现出中华民族尚礼重德的文化精神，它不仅是一类服装，更是一种文化符号，象征着中华民族的民族精神。深衣的形制对

应“天、地、时”，圆弧线袖型对应天——“袂圆以应规”，曲形交领领型对应地——“曲袷如矩以应方”，下裳十二幅对应一年十二月，上衣下裳中均存在的背中缝结构对应正直的品行即“负绳及踝以应直”。通过对先秦服饰中礼服以及深衣的学习，建立学生的民族自信与文化自信。

②赵武灵王推行胡服骑射映射出多民族服饰文化的交流和融合，让学生理解中华民族多元一体格局。赵武灵王思想敏锐，勇于革新，主张从实际出发，进行改革。在与北方游牧民族的接触中，他发现游牧民族在服饰形制、作战方式等方面有一些长处：窄袖短袄，生活起居和狩猎作战时都比较方便；作战时用骑兵、弓箭，与中原的兵车、长矛相比，具有更强的灵活性、机动性。而地处中原的赵国，军服多为宽衣博带、宽袍大袖，行动起来极为不便，严重影响了战斗能力。因此，赵武灵王在公元前307年颁胡服令，在全国推行胡服之制。其主要形制为着短衣、束皮带、用带钩、穿皮靴，便于骑射活动。赵国实施胡服骑射等一系列改革后，国力日渐强大。其他诸侯国争相效仿赵国改革，胡服的应用范围不断扩大。因胡服轻便实用，很快就从军队传到了民间。赵武灵王的服制改革，吸取了游牧民族服饰的优点，促进了古代各民族在文化上的交流互鉴。秦始皇统一六国之后，采用了部分赵国服制。魏晋以后，南北方交融日益广泛，胡服之制空前盛行。隋唐时期，胡服不仅用作常服，还可用作公服及朝服，至宋犹然。历史长河，大浪淘沙。实践证明，只有摒弃陈规，适应变化，紧跟时代步伐，推动各民族优秀文化传承保护和创新交融，才能使中华文化历久弥新、绵延不绝。展开历史长卷，从赵武灵王推行胡服骑射到北魏孝文帝实行汉化改革，各民族在文化上相互尊重、相互欣赏、相互学习、相互借鉴，实现了文化上的互鉴融通，让中华文化精彩纷呈、博大精深，展现了中华文明无与伦比的包容性和吸纳力。

③湖北江陵马山一号楚墓出土服饰案例，让学生建立科学的历史观。

（三）教学反思

1. 学生所学所获

通过教学，学生对先秦服饰理论有了较为全面的认识，通过赵武灵王推行胡服骑射和江陵马山一号楚墓出土衣物等典型案例分析，认识到先秦服饰中蕴含的民族交流交融现象，加深对中华民族多元一体格局的理解。

2. 思政教学效果

在教学中，采用了理论引介和案例分析相结合的方法，力求通过我国丰富的服饰文化遗产展示，阐明我国兼容并蓄的服饰文化特点。在今后的教学中，可进一步引导学生发掘多民族交往交融的案例，并形成讨论，引发学生更多的思考。

从技法到价值观

——“传统手工艺”课程中的思政探索与实践

完成人：王森、祁子芮、李昕　审核人：常炜

一、课程基本情况

课程名称：特色传统手工艺 2（皮艺）

授课对象：产品设计专业大学二年级学生

课程性质：学科基础教育课

二、课程简介

（一）课程内容

本课程是产品设计专业的学科教育选修课，也是学科基础核心课。本节所选课程是以皮革材料为基础，以探索皮革艺术、发扬传统手工艺为目的的手工实践课程。通过了解经典的皮艺设计与基础的皮艺技法，使学生在反思中认识到手工皮艺创新设计的重要意义，训练学生进行完整的设计流程操作，初步建立起自己的皮艺设计认知体系，最终达到拓宽学生视野、培养学生设计思路、推动学生树立正确的民族观与价值观的目的。

对学生的培养要求具体表现为以下三点：

①培养学生对相关学术和文化资源系统的识别能力。

②培养学生对教学资源及设计构成要素的分析与解释能力。

③培养学生通过现实技术进行实验与工艺创作的能力。

（二）课程特点

1. 多维贯通

按照学生特点与兴趣点，在实践教学中，针对不同学生制定不同育人方案，为学生提供更多、更有效的设计方向，合理融入思政教育，确保实现对学生的全方位育人。

2. 多层创新

融入时代特点、热点问题，点燃学生学习热情与兴趣，创设“教”与“学”的情境，将课堂由单一的教师讲授方式转变为师生互动方式。通过听觉、触觉、视觉、语言等多维度激发学生学习动力，通过任务驱动式教学，实现从以教师为主体变成以学生为主体。通过教师自身教学态度、科研精神以及教学中列举的优秀国内外案例，树立榜样力量，激发学生内心对传统文化的正确认知，形成正确的价值观，激发学生民族自豪感与自身责任感。

3. 工匠精神

皮革手工艺作为一种造物活动，在艺术设计类专业课中具有极强的实践性与操作性，是“技”与“艺”的统一。优秀的设计作品离不开工匠精神的坚守与创新，在“理论＋实践”类专业课程中，新时代工匠精神中蕴含的精益求精、敬业奉献、专注认真、追求极致等内涵品质贯穿课程始终。

4. 大设计观

通过小工艺引出的大设计观，引导学生通过对传统工艺的再创作，反思传统技艺的活态传承方式，将现代人的审美需求与我国传统审美内涵、工艺技法融合，进行创新性实践。

（三）课程所获奖项

①课程成果包括教材《皮革艺术设计与制作》和《现代皮艺创新设计》，《皮革艺术设计与制作》教材是中国轻工业“十三五”规划立项教材，获北京高校优质本科教材课件奖。

②学生王佳艺的课程作业经过改进后获得第十二届（中国）深圳国际鞋包设计大赛：全国i革潜质奖。

③参与课程的学生成功申报北京市级大学生创新创业项目——《非物质文化遗产——手工皮艺在文化创意产业中的产品孵化与创意营销实践》，对学生的作品进行实际的孵化与实践。

三、课程任务和教学目标

（一）课程任务

通过对皮艺基础知识的学习，学生能够基本掌握相关技法，最终以《古艺“新”生》为主题，结合中国传统文化元素进行皮艺设计与制作。

（二）教学目标

①培养学生在设计创作过程中能够充分运用我国传统文化与工艺技法，继承传统、推陈出新。带领学生进行以皮艺为基础的传统手艺工艺融合探索，推动跨学科交叉融合，为传统手工艺的发展提出更多的思路。

②激发学生对工艺的学习热情，将思政知识与课堂教学进行结合，巧妙引入课程思政建设，增强专业荣誉感。解决专业建设上人才培养与人格培养的整体问题。

③通过国家级非物质文化遗产——蒙古族皮艺（皮雕）工艺的引入，树立学生文化自信与对传统手工艺传承的责任感，加强学生对传统技艺的关注度，培养了解我国优秀传统文化与具备创新能力的设计人才。

（三）思政目标

①从我国的传统皮艺入手，使学生加深对我国传统工艺的了解，对本民族的传统技艺与其内蕴的文化内核加以体会，为学生注入传承匠人精神的自觉意识的同时树立文化自信与传承传统手工艺的责任感，培养学生锲而不舍、精益求精的工匠精神与做事态度。学生通过对我国特色传统手工艺的体验与实践，感受民族的凝聚力和底气。

②课程坚守共同构筑全方位课程育人格局，通过“教、学、问、懂、做”五个环节让学生真正获得知道，让思政意识、正确的价值观理念潜移默化的熏陶学生。

③通过对传统工艺的再创作，反思当代传统技艺的活态传承方式，将现代人的审美需求与我国传统审美内涵、工艺技法融合，进行创新性实践。树立学生的民族意识与文化意识，将传统文化与现代设计相结合，形成大设计观。

四、课程基本内容及要求

本课程的基本内容及课程思政教学知识点见表3。

表3　课程基本内容及课程思政教学知识点

课程章节	知识点	课程思政教学知识点
第一章 皮革艺术设计概述	理论： 皮革艺术概述：皮革艺术的含义、皮革艺术的历史和发展、皮革艺术表现形式的分类、皮革独具的形式美感要素。 重点：中国皮艺的文献记叙、应用场域、覆盖民族、特殊皮料及表现形式 皮革艺术中常用皮革的种类和特性：天然皮革的分类、天然皮革的种类和特性、再生革和人造革、皮革的尺寸及裁剪说明、皮革的常见瑕疵	通过对我国古代及当代南北方民族的皮革服饰文化进行梳理、赏析、对比，借由丰富多彩的民族皮艺，让学生了解我国民族文化的统一性和多样性，树立中华民族多元一体格局观，充分认识铸牢中华民族共同体意识的重要意义。 引入国家级非物质文化遗产——蒙古族皮艺（皮雕）技艺，激发学生民族自信、文化自信，感受匠人精神。通过对传统工艺的了解，让学生们了解本民族的传统工艺文化、传统技艺，为学生注入传承匠人精神的自觉意识
第二章 皮革艺术常见技法	理论： 皮革艺术常用工具和材料 皮革艺术常见技法塑形技法、染色技法、边缘技法、手缝技法、裁切技法。 实践： 染色练习	教授常见手工皮具制作技法，让学生在实践中深刻感受中国传统手工艺的魅力。学生在获取知识与技术的同时，体会精益求精的匠人精神与博大精深的传统技艺
	理论： 皮革艺术常见技法：皮雕技法、打印技法、编织技法、综合运用。 实践： 皮雕工艺讲解与训练	教师引导学生进行对皮雕艺术的深入研究，在对皮雕艺术形式知识巩固的同时，培养学生在实践中解决问题的能力，在磨砺皮雕艺术的过程中体悟工匠精神与我国传统手工艺的审美风格与精神沉淀
第三章 皮革艺术设计与训练	理论： 皮雕形式的手工皮艺，高浮雕形式，圆雕形式，皮革艺术的跨领域设计与制作	拓宽学生的设计思路与技法手段，引导学生通过对不同皮艺技法和表现形式的研究拓宽设计思路，逐步建立传统艺术形式与当代设计语言相结合的设计观

续表

课程章节	知识点	课程思政教学知识点
第四章 皮革艺术设计思考实践	理论： 运用案例分析法，介绍分析皮革艺术在设计领域中的应用；运用实际实践法，在了解皮革手工艺审美语言的基础上，进行服饰应用设计；与学生讨论沟通具体设计方案。 实践： 进行主题调研与设计方案：统讲技法细节并与学生具体讨论沟通设计方案，针对每一位同学的设计进行单独辅导	引导学生理解吸收和借鉴中国传统文化元素进行设计创新，将传统手工艺进行设计转化
第五章 理论与实践	理论： 统讲技法细节并针对每一位同学的设计进行单独辅导。 实践： 皮雕设计作品的制作与完善，课程汇报总结	通过设计创新传统技艺，感受文化传承的使命感与责任，以及建立民族品牌的必要性；通过对传统工艺的再创作，反思现在传统技艺的活态传承方式，将现代人的审美需求与我国传统审美内涵、工艺技法融合，进行创新性实践。设计理念应关注人与社会、人与环境的关系，结合我国优秀传统文化的精神内核，最终形成大设计观

五、课程思政教学设计

（一）教学设计

本文选取课程第四章——皮革艺术设计思考实践进行课程思政教学设计的相关论述。在该章节的学习阶段，学生已经大体了解了皮革艺术的基础知识与基本技法，并对皮雕、圆雕、高浮雕等常见皮革技法的应用实践进行了初步的训练。本章旨在对已经掌握基础理论知识和技法的学生进行包括设计思路、设计方法、设计语言、审美风格、创意转化等设计创作方面的教学与指导。

在课程设计环节中，教师要挖掘课程中的隐性思政元素，并将其与显性思政元素在课程设置中进行有机融合。在保证原有知识体系和教学体系不变的前提下，将思政元素融入专业课程的若干知识点中，加强其针对性与趣味性。通过案例分析、实践反思的方式，与课程第一章——皮革艺术设计概述中的传统皮艺形式、技法、纹样及国家级非物质文化遗产——蒙古族皮艺的相关知识呼应，进一步对传统皮革艺术作品进行解读，强调历史文化背景与艺术设计的关联，结合第二章——皮革艺术常见技法中的表现手段，对传统文化元素在当代设计中的转化和形式进行梳理，从刺绣、戏曲、美术、建筑等中国传统文化艺术中汲取设计元素，打开学生思路。整体课程设计做到承上启下，以扎实的基础知识为基础，以多元的传统工艺技法为手段，通过教学设置和设计方法的引导，利用思政元素进行理论教学与设计实践的探索，让学生在耳濡目染中深刻体会中华优秀传统文化、大国工匠精神。在课程中融入课程思政元素，能够引导学生形成正确的价值观、美学观和设计观，并激发其对我国传统文化的热爱，增强文化自信，在设计实践中自觉运用我国传统文化符号，提升设计的创新性，从而提高专业素养。

（二）教学实践

1. 教学内容

本章教学分为理论与实践两个环节。

理论教学环节分为案例分析与实践反思两个阶段。通过案例分析的方式将知识传导逐层递进。先分析皮革艺术在现代设计领域的应用案例，让学生对当代服饰设计中皮革材料广域的应用范畴产生认知，再通过传统文化元素在现代设计中的应用案例分析，让学生看到我国传统文化元素在当代设计领域的活跃，树立学生的文化自信，通过皮艺、服饰、建筑、美术等不同传统文化艺术领域中的符号、元素、精神内核在现代生活中的设计转化案例打开学生思路，让学生了解皮革手工艺的审美语言。

在案例分析的基础上，引导学生进行服饰应用设计，在设计初稿阶段进行点评与反思，突出对传统皮革手工艺审美语言的应用、加强对传统文化的研究、探索与转化，从我国传统皮艺本身的唐草、忍冬纹、卷草纹等纹样发散，到对壁画、陶瓷、刺绣、民俗图案等其他艺术元素应用，引导学生形成设计思路、建立作品设计语言，最终确定每个学生的设计方案。

在此基础上，教师与学生具体沟通讨论设计方案，从纹样寓意、文化知识、历史背景、传统文化精神等方面细化设计内容。本章节的理论教学环节包括案例分析与设计方案的构建方法，在巩固此前章节所学知识的基础上拓宽学生视野、延展学生设计思路，使之掌握将我国传统文化与现代设计语言相结合的设计方法，逐步建立根植传统、放眼未来的大设计观。

本章节的实践环节以对皮雕工艺的讲解与训练为主，对不同学生根据其设计方案进行有针对性的技法训练，并在一对一辅导中提出指导意见，使学生的设计真正做到从中国传统文化出发，探索传统元素与皮艺的融合点。在确保设计方案具备独特“国潮”风格的同时，从技法与观念两方面深挖其文化精神内核，并结合实际，确立实施性较强的设计方案，以此为基础绘制设计草图、制作设计草模型，为下一步的推进打牢基础。

本章节的实践环节在于技法学习与设计方案实施。将我国皮艺、刺绣等手工艺传统技法传授给学生的同时，培养学生对于技法和材料的感知能力。基于可操作性与可实施性的考量深化设计方案，使学生具备将体现我国传统手工艺审美语言与精神内蕴结合并落实的设计能力，树立学生的积极性与文化自信。

2. 教学方法

（1）线上线下混合式教学

通过 PPT 与实际操作结合的方式进行教学，展示皮革技法、技艺。有机结合媒体教学方式，在上课时使用多个机位进行制作工艺的实时投屏（图 4）。同时将复杂难懂的工艺利用学习通课堂授课，便于教师与学生课上课下的沟通，也便于学生回看和评价课程。

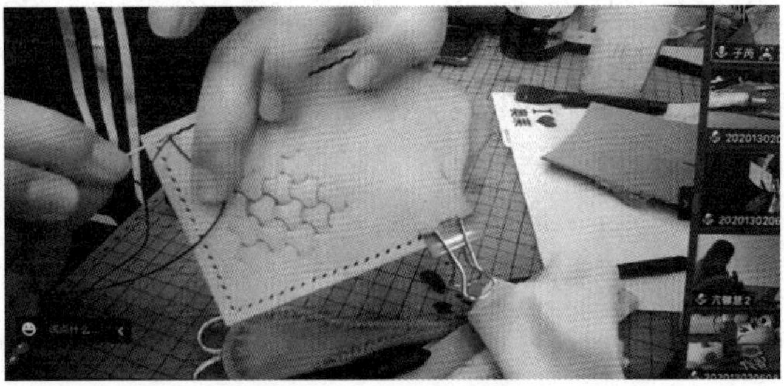

图4　手工传授的录像截图

（2）调研分享

在理论教学环节中的设计方案构建阶段，让学生以分组的方式进行调研与分享，达到学生间信息与思路的交互，让学生彼此印证、共同进步的同时，培养学生的团队协作能力和集体意识。

（3）任务驱动式教学

在学生具备一定基础知识的前提下，教师通过布置教学任务的方式提出问题，鼓励学生主动运用学习资源，使教与学的过程围绕目标问题进行，培养学生独立探索、解决问题的能力。教师通过任务驱动式教学，在理论知识环节对学生加以引导，对皮革材料、传统文化、现代设计三点进行思考与连接，在实践教学环节中则以此方式来鼓励学生自主确定合适的技法与表现手段。

（4）探究式教学

在学生设计思维逐步拓宽的过程中，鼓励学生依托互联网、图书馆、实验室等线上、线下资源，找到学生感兴趣且契合其作品设计观念的传统文化元素，对我国多元化且底蕴深厚的传统文化艺术进行自主探究，培养学生的主观能动性和对传统文化的兴趣。

3. 教学过程

（1）通过创建古今对照的情境进行课程导入，激发学生求知欲

以我国古代源远流长的皮革艺术脉络为切入点，通过介绍《考工记》中的五种“攻皮之工”，结合出土的历代皮革服饰文物赏析，让学生了解皮革艺术在中国的悠久历史，从而提升学生的文化自觉意识，培养文化自信，以实现创新设计中的文化自强。

结合文献资料、馆藏文物、田野调查，系统梳理南北方各民族的皮艺文化及其历史流变，从丰富的品类、多样的材质、就地取材的设计巧思、历史文化背景等不同层面进行介绍、分析、对比。通过大量的民族皮艺素材、文化释读、案例讲解，学生不仅可以开拓设计视野，还可从中收获蕴涵在传统设计中因地制宜的智慧与方法，教师得以“润物细无声”地引导学生树立正确的民族观。

通过对当今传统手工艺与设计的案例分享，教师引导学生理解传统文化与当代设计“本源”与“延伸”的关系，优秀的传统文化为我国现代设计提供了充足的养分，现代设计又为传统文化的传承提供了载体，二者相互辉映。例如，课上教师与学生一起分析端木良锦品牌、上下品牌等优秀案例，通过皮革镶嵌、细木镶嵌、皮革塑形、编结等工艺，巧妙地将工艺与文化意蕴相结合。教师通过海量图片展示不同的传统工艺设计案例，启发学生思路，引起学生兴趣，拓展所学传统工艺的无限可能性。

本环节旨在夯实基础知识的同时拓宽学生视野，引导学生理解“传统”与“现代”并非简单的对立关系，传统皮艺中亦有现代设计产品难以企及的特点，而现代设计思路亦能与传统文化相结合，本土文化的优秀设计要求设计师具备正确的民族观和一定的现代性，以传统为“本源”，向未来“延展”。

（2）感知皮雕工艺，体味匠人精神

皮雕是一门博大精深的艺术门类，其中蕴含着多种多样的技法和表现形式，即使在技术手段、专业工具日趋成熟化、现代化的今天，作为传统手工艺代表之一的皮雕技法亦需要追求创作过程中的精益求精，图案拓印、刻刀线、打印花、雕饰、染色、封边、打磨、抛光等工艺的环环相扣造就了手工皮艺的独特魅力（图 5）。通过已往课程，学生对皮雕的基础知识已有了初步了解，因此在教学过程中，教师要提醒学生注意每个环节的重点、难点，并将此环节与其他环节的相互影响加以剖析介绍，带领学生体会传统手工艺独特的魅力与匠人情怀，而非简单地把各个环节分解成烦琐的技法训练是本环节的重中之重。

本环节从技法层面引导学生体会我国传统文化中的工匠精神与皮革手工艺独特的审美风格。一切传统工艺制品的美感与精神传承都寄托在源流悠久的传统技法中，学生只有对技法各个环节有充分的了解和实践，才能够对我国传统手工艺有着更深刻的体悟。

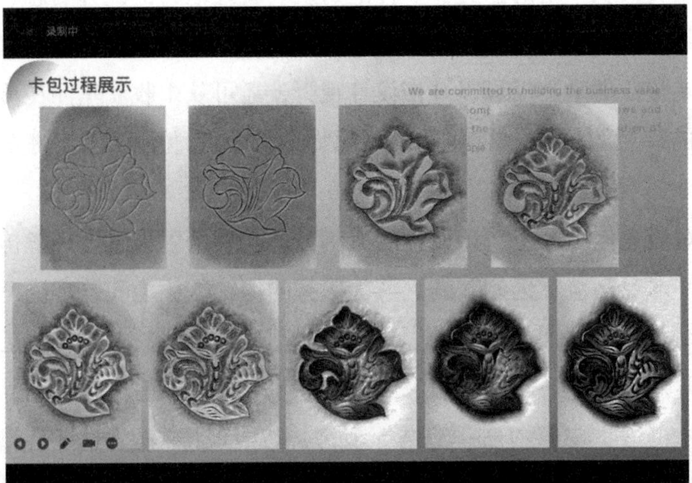

图5　学生皮雕工艺实验（线上授课截图）

（3）知识运用与展现

教师布置古艺新生的主题任务：请结合中国元素，选择一个品类进行设计。在具备任务驱动型主题的前提下，“中国元素”的要求并非空泛的概念，而是学生自身知识背景、兴趣领域、文化感知等个人化观念的体现。教师在引导学生研究、深挖课程内容的同时，鼓励学生找到自己与中国传统文化独特的契合点，从学生自身出发，发挥学生主观能动性的同时亦可拓展皮革艺术与中国传统文化交融的边界。最后要求学生活用所学技法，引导学生构建可实施性强、能够切实实现的设计方案。

本环节作为完成作品前的最后一个环节，是将知识、能力与观念三点相结合的重中之重。扎实的基础知识与技法要结合恰当的个人观念加以表达，在本阶段鼓励学生发挥自身长处以及特点，丰富设计方案的独特性与趣味性，最终让学生达成三位一体的设计方案构建。

（4）布置作业

学生结合自己设计的图纸，运用所学皮雕工艺进行材料实验。从皮革材料与传统文化结合的角度，让学生在实践中真正体会到课上案例中传统皮艺作品制作的过程，由内而外加强学生对材质、工艺、文化三点相结合的感悟。

（5）最终作品展示

学生展示其作品（见图6）。

图6　学生作品（作者：亢馨慧）

（三）教学反思

学生在初次进行完整的传统手工艺设计制作的过程中难免会出现诸多的问题与疏漏，而鼓励学生进行个人观念表达的个性化创作则考验教师的知识储备及应变能力。学生在自己感兴趣的传统文化领域所搜集的纹样、素材和文化要素在实践环节鲜有可用于借鉴的成熟、细化的表达手段，教师需要结合自身经验与学生一起完成技法层面的实验和试错才能保证设计项目的完整落地。

在此类问题出现时，教师要保证与学生有效、实时地沟通，逐步检查学生的基本技法环节和创新工艺手段，运用更成熟的技法和更丰富的资源帮助学生完成自己的设计作品。此外，教师对于学生自主学习所收集到的传统文化要素亦要进行一定的了解，帮助学生梳理正确的民族观与价值观的同时丰富自身的知识储备，借助自身大量的设计经验帮助学生完成从观念到设计思路、从兴趣到表现语言的转化。

另外，教师还要寻找更加丰富、多样的线上学习资源，在线上教学时，学生依旧能够近距离、全方位感知民族皮艺文化。

与此同时，对于线上、线下教学模式的探索亦能产生新的思路。对学生搜集的大量、广域的在当下乃至未来可能应用于当代设计的传统文化艺术素材加以记录、保存，对教学中出现的经典案例分析加以分门整理，并做到实时更新，最终把二者相结合，建立长期更新的、以我国传统文化精神为核心的案例库与素材库，结合当下线上、线下混合教学的趋势，势必能为今后的课程助力。在此基础上，结合知识共享、技术开源的网络时代特点，学校将优秀的课程案例面向全社会公开，能大大促进传统文化与传统手工艺在当代的发展，优秀的学生作品亦能获得更多的展示机会，使高校教育与社会文化更好地结合。

课程思政在“服饰品牌与产品策划”教学中的探索与实践

完成人：周小凡、杨思容　审核人：常炜

一、课程基本情况

课程名称：服饰品牌与产品策划

授课对象：服装与服饰设计专业、产品设计（鞋品设计）专业大学三年级学生

课程性质：专业课

二、课程简介

“服饰品牌与产品策划”是服装与服饰设计（鞋品设计）、产品设计（鞋品设计）专业大学三年级学生的必修课程。课程主要教授服饰行业从品牌定义到产品策划的相关知识和工具方法。针对专业方向特点，课程团队充分挖掘课程中蕴含的思政元素，将传统文化、创新创业、美育熏陶、职业素养等内容融入教学，发挥专业课教师“主力军”、专业课教学“主战场”、专业课课堂“主渠道”的作用，采用理论结合实践的教学方法，将社会主义核心价值观融入教书育人的全过程，使学生对服装服饰设计工作前段的产品企划工作进行具体实践，了解并掌握相关工具和方法，并能通过团队合作的方式完成完整的企划案，实现价值引领和能力培养的有机统一，并通过后序课程的联动与协同构建立德树人长效机制，实现全员、全过程、全方位育人格局，使专业教育与思政教育协同共进、同向同行。

本课程在教学中参考书籍为美国作者琳达·哥乔斯著、由戴维依译的《产

品经理的第一本书》和《产品经理的第二本书》。

三、课程教学目标

（一）思政目标

①树立文化自信，传承和发展中国文化。

②树立社会责任心，培养职业素养和道德。

（二）教学目标

①掌握策划中品牌定位和目标的阐述。

②掌握策划中用户洞察和分析方法。

③掌握策划中市场趋势的分析和应用。

④掌握策划案的制作和呈现技巧。

四、课程基本内容及要求

本课程基本内容及要求见表4。

表4　课程基本内容及要求

课程章节	知识点	课程思政教学知识点
第一章　课程概述	课程体系及目标	了解设计师的职业特点，提升职业素养，认知创新创业的路径
第二章　品牌研究	品牌基因与风格	通过讲授中国品牌文化知识和学生的品牌调研作业，增强文化自信
第三章　市场研究	市场定位研究	培养立足于中国的市场研究意识。了解市场发展现状，把握国内行业发展趋势
第四章　消费者研究	消费者研究与产品线划分	立足中国本土消费者与消费环境，实事求是，因地制宜，挖掘消费需要，合理规划产产品构成
第五章　趋势研究	趋势研究与产品故事	关注趋势，与时俱进、与美通行；聚焦时事，讲好当代中国故事

五、课程思政教学设计

（一）教学设计

1. 课程思政与课程目标的关联

本课程培养学生作为设计师的商业头脑和意识，从商业策划的角度去认识和把握产品的市场价值构成和实现方法。本课程要求学生可以掌握全套的策划思维和策划工具，并能够掌握有效的表达技巧，最后根据不同服饰产品对应的实践课题制作出完整策划方案并以报告的形式呈现出来。和过往的专题设计和调研类课程不同，“服饰品牌与产品策划”课程是基于系统商业思维驱动的一次探索性学习和系统性实践。对于课程思政如何有机融入教学，我们认为从学生学习角度实现关联是自洽和合理的，主要分为三个维度：

（1）学习目标的关联

“服饰品牌与产品策划”课程目标，对应的是服饰企业实际工作中的产品策划目标，即把什么品牌的什么产品卖给什么样的消费者的问题。课程思政内容可以通过以中国品牌为根本，以服务中国市场为范围，以服务中国人民需求为目标进行关联。这种关联既可以使课程思政目标和课程教学目标融汇统一，又可以使学生掌握和学习的内容更贴合其未来的实际工作诉求。

（2）思维角度的关联

课程思政的重要目标是树立学生正确的世界观、人生观、价值观，“三观”和人看待事物的思维、角度息息相关。符合当代中国社会发展潮流的“三观”，会驱动一个人从自然人和社会人的角度，更好地把握中国文化传承脉络和经济发展规律。课程中，教师引导学生从中国当下发展特点出发去思考问题，关注宏观政策方向，聚焦微观个体诉求，以主人翁的精神去把握课程课题的走向。以此，通过引导课题思维角度的转变和发展，不仅使学生出于自我兴趣而关注外界，还使其升格到从中国社会经济发展和人民生活诉求的广度看待问题，进而思考自身智趣和服务社会的切实关联在哪里，驱动学生既发挥所长又胸怀宽广地去学习实践，使其自觉地发展其世界观、人生观、价值观。

（3）实践模式的关联

学习，即学到且习得。在推动高等教育内涵式发展的今天，知识传授和具体实践形成了深化教学的有机体系。如何使课程思政有效地融入实践，使其通过实践进行有效发酵呢？人作为群体性物种，会通过分工协作匹配社会经济的运行发展。在人与人基于同一明确目标进行高度关联性合作的时候，目标的明确会驱动个体之间的正向影响。对于本课程亦是如此。以“基于中国市场的中国品牌”的明确目标作为前提，以小组协作的方式去模拟创立品牌的创业型工作，在具有思政价值的明确目标的引导下，学生小组会依托于协作关系互助互利、互相影响。通过目标明确的实践模式，将思政内容和行动目标高度关联，可使学生互相学习促进，进一步加强其协作能力，培养合作精神。

2. 课程思政的教学设计理念

为谁培养人，培养什么样的人，怎样培养人是培养社会主义建设者和接班人的根本问题。课程思政的目标一方面是提升课程的内涵和质量，另一方面则是赋予知识正确的价值观取向，使学生对知识和观念的理解可以达到“知其然”并“知其所以然”，进而实现其思想和行为的同一自洽，更好地理解小我和大我的关系。课程与时俱进，关注教学内容与人才培养的关系，课程思政的融入体现在以下四个方面：

（1）融传统文化于课程

中华传统文化源远流长、博大精深，是中华民族辉煌历史、灿烂文化和意识形态的突出反映。基于中国传统文化对学生进行思政教育，有利于把爱国主义和民族情怀贯穿、渗透课程教学中，帮助学生树立民族自豪感、提升文化自信。

在品牌研究与品牌定义章节，引入国内品牌作为类比，如李宁品牌是从创始人“体操王子”的初心出发，即让中国运动员可以穿中国品牌服装站上国际赛场的美好愿景，进而建立了李宁品牌。所以，体育精神和中国精神是贯穿品牌发展最内核的品牌基因。而今天李宁品牌走向世界的同时推动了中国文化和中国潮流的崛起，其原动力始终是品牌内化的中国心，同时契合了文化自信的思想潮流。

（2）融美育熏陶于课程

审美教学与美感教学的结合是学校教育的重要组成部分，在“立德树人”方面发挥着独特的、不可替代的作用。美育的过程是帮助学生理解美的标准、感知美的体验，从而提高审美能力、创作美的产物。

在趋势研究与产品故事部分，引导学生关注流行趋势，与时俱进，了解最新的时尚风向，与美同行。与此同时，启发学生聚焦时事，紧跟时代步伐，感悟中国精神、中国价值、中国力量，以现实性、前瞻性为原则，讲好当代中国故事。

（3）融服务双创于课程

近年来，在国际经济一体化、全球化的发展背景下，中国服饰产业要从“中国制造”向“中国创造”转型，必须挖掘传统文化的精髓，培育民族品牌，振兴民族产业。当下高校大力推进创新创业教学体系，本次课程引入对于服饰品牌创业工作的基本介绍和商业计划书的基本内容，使学生了解到，创业型企业所肩负的工作不仅是传统设计师的单纯定位，而是需要运用策划思维和实用工具去把握企业和品牌的发展方向，并能够有效执行。

（4）融职业素养于课程

在教学过程中，将职业精神与职业道德贯穿课程思政中，将社会主义核心价值观和职业素养相结合，帮助学生树立崇高的职业理想和正确的职业态度。从服饰品牌设计师的工作状态引入，引导学生把思考问题的角度拓展到更前端的商业考量上，能在设计前形成和建立产品设计中要考量的商业因素，进而使自身在设计过程中能以相同的认知语境和产品目标去推进工作。使学生了解企业工作流程中产品策划与产品设计的关系，理解产品策划在实际工作运行中对产品设计研发的导向意义。

（二）教学实践

1. 思政教学内容

充分挖掘专业课程思政内涵，巧妙融入中华优秀传统文化、中国本土案例等元素，引导学生立足中国市场，正确看待商业思维在设计中的价值和引导作用。在很多设计人才的认知中，设计要具备创新的、与众不同的、个性化的特点，这些观念固然没有问题，但如果站在服务中国社会发展的角度，教师需要通过课程实践使学生逐步认识和感受，在服务人民幸福生活为前提的服饰消费品领域，不仅要思考如何使产品设计的使用价值打动消费者，还要从更高层面去思考国家发展、民族复兴、文化自信等更为深刻的使命，驱动学生切实树立正确的世界观、人生观和价值观。

2. 思政教学方法

以学生主体性为原则，采取多元化的教学方法，做到“因事而化、因时而进、因势而新”。一方面，通过课题设置和有效沟通，充分调动学生的内驱力，指导学生在产品策划流程工具的驱动下，更多去依据自己的调研结果，形成可以自洽的策划逻辑，考察其逻辑的自洽性，是逐步使学生形成商业思维的有效路径。另一方面，驱动课程间的承续关系，将本课程的结果导出并输入下一门设计课程中，使学生系统地把握从企划到设计的工作链接，使其在设计的过程中反思既往设计思维模式中的一些局限性，避免各个课程的思维模式形成相互独立的孤岛。

3. 思政教学过程

课程思政贯穿全过程，以价值观引导于知识传授和能力培养中。课程概述部分，使学生了解设计师的职业特点，提升职业素养，认知创新创业的路径；品牌研究部分，通过讲授中国品牌文化知识和学生的品牌调研作业，使学生增强文化自信；市场研究部分，培养学生立足于中国的市场研究意识；消费者研究部分，引导学生了解市场发展现状，把握国内行业发展趋势；趋势研究部分，带领学生关注趋势、聚焦时事，与时俱进，与美通行，讲好当代中国故事。在课程思政的推进过程中，教师秉持润物细无声的原则，特别是对服务国家及人民的使命感的培养，这是学生在充分认识后的一种发自内心的驱动力，这种内驱力会使其在未来的学习工作中时刻关注和思考文化自信、可持续发展等当代重要命题在商业思维中的转化与推进，进而顺应历史潮流和时代要求。

4. 思政评价体系

基于以人为本的教学理念，课程评价模式为形成性评价，而非传统的终结性评价，全方位关注学生日常学习过程中的表现，重视对学生“三观”“三力”的培养。通过对学生课题实践中观念、角度和行动的考查，评价其对课程所给予的知识与课题是否具有积极的态度，是否在解决问题的过程中采取正确的方法和策略，以及所取得的成果是否具备前瞻性且具有现实意义。

（三）教学反思

1. 课程思政的教学效果

秉持润物细无声的课程思政理念，我们在实际课程教学中做到如下几点：

其一，在案例引用上会通过国内、外的品牌及案例的对比性阐述，使学生了解国内、外各种案例的特点和异同，了解和反思在不同的历史、文化、经济等背景下，这些异同背后的原因，进而能够理性客观地看待中国品牌面临的机遇与挑战。其二，在适当的章节引入对于文化自信、可持续发展、为人民服务等理念的思考。通过案例故事，使学生了解在中国高速发展的背景下应当去自发地关注大方向。其三，我们要求课题实践基于中国市场建立中国品牌，服务中国消费者。在这个过程中，学生通过对于中国服饰市场环境的研究，会更为深刻地了解和理解当下祖国发展繁荣景象下的每一个个体的作用，会用心去思考如何能够更好地服务中国消费者，会自觉地基于文化自信挖掘和传承中国文化，并创新地运用到自己的课题实践中。综上，教学的根本原则要基于专业学习特点去有机地融入课程思政内容，使学生能够发自内心地树立正确的职业观念。

通过本次课程及其所牵引的整个学期的课程组的学习，学生的反响正面积极。我们能够切实地感受到学生在“三观”“三力”上的成长。其中，有些学生已开始申请创业创新项目，基于中国文化去筹划自己的品牌；有些学生积极地关注和参与中国品牌的校园招聘；而在毕业开题中，很多学生的选题能够聚焦中国文化的传承与发展、可持续设计等符合当下中国发展和人民关注的切实问题上。

2. 问题反思与改进思路

当然，深化开展课程思政还有很长的路要深入探索，而在实际教学中，教师也会遇到一些问题并加以反思。

（1）思政内容尺度和容量的把握

“润物细无声”是当下课程思政的主流声音，但具体到课程实践中，“润物的具体感知”和“无声的体验感受”是一个较难把握的尺度。从人生获取知识和自我成长的阶段来看，大学生作为成年人已经具备了完善的独立人格和价值体系。而专业学习对于学生来讲本身具备强烈的目的性和方向性，对于绝大多数的学生，专业学习是为了将来的择业方向。所以，学生在学习的时候对知识获取、技能把握是有着明确的目标的。所以思政内容如何润物无声、自然而然地匹配授课内容，是在教学实践中较难把握的地方。

对这个问题，教师进行了反思。一方面，需要教师要更深刻把握具体课程思政内容的内涵，进而把握从学生学习角度思政内容的有利因素具体是什么。如文化自信的内容对于学生的学习目标，不仅停留在建立了自信而已，文化自信，是助力学生在未来的生活和工作中，能够在基于文化认同的同时深化自己的身份认同，进而客观地看待一些文化差异，明确其服务中国发展的正确观念。另一方面，需要从师生互动中去反思课程思政的自然而然。对于一些观点和概念，其规定性是随着时间、情境流变的，教师既要有对于思政内容的认识角度，更要学会通过和学生的互动去了解他们的认知，通过师生平视平等的相互交流，使课程思政的推进如溪流汇海，生生不息。

（2）课程思政教学效果评价

深化课程思政教学是当前高等教育的重要使命，教学单位通过交流、讲座等方式为教师提供了多种多样的课程思政学习。通过学习发现，在课程思政教学中取得一定成绩和影响力的老师，溯源到初心都是一致的，但落实到具体实践上会因为专业特点、课程性质和教学对象等因素的不同而各有千秋。这也会使教师在践行课程思政的时候，很难具体到可以明确感知的效果评价体系内。在笔者看来，每个学生都是各不相同的个体，他们的成长经历和思维模式各不相同，对于思政教学效果的体现无法用单一标准去评价。如对于有些乐于表达的学生，教师也许会明显感知其教学思政的效果，而对于不太表达情绪的学生，教师也不能认为课程思政教学对其的效果就小了，毕竟三观认知是形成于其意识内的，不因表达与否而判定其是否实存。

诚然，或许对思政效果的评价会是未来教学一个长期的命题。与其纠结于教学思政效果是否达成、达成多少，不如去反思一下作为教师，从事这个职业的初心是什么？选择这份职业，是责任心和使命感的驱动，是发自内心地希望能够为社会培养优秀人才的动机的驱动。教师付出了心血，收获的是学生未来能够成才的喜悦和自豪感，是一种“我在做有意义和有价值的事业”的自我认同感。同样，课程思政教学也是一样，教师在培养学生掌握专业知识、技能、方法的同时，更是在帮其完善品格和确立观念。所以，课程思政本就应该是融入每个教师骨血中的天然养分，是作为教师的基本素养。

中国美学教育与课程思政的融会贯通

——以“造型原理”课程为例

完成人：李盈　审核人：常炜

一、课程基本情况

课程名称：造型原理

授课对象：产品设计专业大学二年级学生

课程性质：学科基础课

二、课程简介

“造型原理”课程的独特之处在于其全面性、综合性，不仅整合了形态基础、机能基础、材料基础、结构基础、工艺基础等课程知识，还是基础课程与专业课程之间的重要“纽带”，是设计思维方法训练的实践起点，更是培养“知识结构调整”想象力的起步阶段。课程教学体系具有较强的自主性、创新性、实践性等特征。课程内容根据时代发展与文化变迁不断调整更新教学内容和创作实践，以中华优秀传统文化为基石，引导学生深入了解中国美学特征，并通过设计实践鼓励学生传承中国设计元素。在弘扬爱国主义的民族精神和发扬中国传统文化的同时，教育学生立足时代，树立正确的美学观念，增强学生的文化自信，实现立德树人的教育教学根本目的。

三、课程任务和教学目标

（一）课程任务

将“立德树人”思政教育思想融入教学内容。课程建设的所有知识内容围绕“造物—造型”的活动展开，从中国造物思想与哲学出发，以历史时间轴的形式，梳理中国传统造型的文化内涵、风格特点、装饰手法、结构形式及工艺技能，使学生了解中国美学的历史演变和时代特征，理解“造”与“型”的目的、行为、结果等诸多要素。教学目标意在使学生深入理解“器以载道”“天人合一”“大象无形”等造物哲学思想，在提高审美水平的同时，引导学生建立文化自信和民族自信。在经典案例解析中追寻造型符号中所承载的用心、用脑、用情的工匠精神，掌握中国美学符号的文化内涵，引导学生树立正确的世界观、人生观、价值观。同时，培养当代设计师应该具备的职业素养、社会责任感与民族意识。

（二）教学目标

1. 知识目标

系统了解专业知识内容及行业领域，熟悉掌握中国传统造型历史发展脉络以及经典案例，深入理解中国传统造型的文化内涵、造物哲学。

2. 能力目标

培养学生发现问题、分析问题、判断问题、解决问题的能力，培养学生形成造型设计知识结构体系，培养学生的审美能力、联想能力、创新能力。

3. 思政目标

引导学生建立文化自信、民族自信，培养学生用心、用脑、用情的工匠精神，培养学生良好的职业素养以及社会责任、民族意识。

四、课程基本内容及要求

本课程基本内容及要求见表 5。

表5 课程基本内容及要求

课程章节	知识点	课程思政教学知识点
第一章 造型原理的基础概论	了解造型原理基础概念，理解造型理论的基本构成与延展，掌握造型法则的重要性	从造物到造型角度探寻中国美学符号特征，引导学生深入了解中国美学及造物哲学思想，启发学生探索造型风格形成所依存的各种外部条件和逻辑
第二章 历史沿革及人文探索	了解造型原理的相关人文历史背景知识，融合中国传统美学造型实例分析；理解造型在设计历程中的关键发展节点；掌握每个历史节点中最具有代表性的中国传统美学造型规律及方法	结合中国传统美学造型典型案例充分理解形态与产品结构、材料、加工工艺；结合典型案例理解形态与文化内涵、形态与象征语意、形态与感知、形态与自然之间的辩证唯物关系
第三章 造型的形态要素、美学要素	了解造型的形态要素、美学要素及中国美学造型特征；分别生活方式、行为方式等角度理解影响造型的要素；掌握形态的造型因素以及影响形态的美学要素	从形态、色彩、材质、工艺、技术等方面，提炼中国美学符号特征；了解与中国美学符号特征每个时代、环境、制度条件下的生活方式和行为规则；在提炼过程中更加深刻地领会中国美学文化内涵
第四章 造型的结构与构造	了解造型的结构与构造；理解不同材料、不同加工工艺以及相关产品的结构构造；掌握材料特性、材料的加工工艺以及结构规律	基于设计理论基础与方法，结合材料加工工艺、结构制作工艺，分析中国美学符号元素转化路径；理解与体验传统造物过程中的工匠精神
第五章 造型设计的思维方式	了解造型设计的思维方式；理解好的造型一定是良好的协调统一体，具备美学、符号、语义等多种知识体系；掌握系统提出问题、解决问题的创新思维方法；透过现象看本质，掌握整合归纳形态规律的方法	应用设计创新思维系统协调整体形态与局部形态之间的平衡关系；学生充分挖掘中国传统文化中蕴含的造物哲学；启发学生的辩证思维，培养学生良好的科学研究素养

五、课程思政教学设计

“造型原理”是实践性非常强的一门课程，更是考验学生思维意识动态和专业技能的一门课程。它不是一般的创意思维训练，而是对于自我的发掘与完善，是各种感官，触觉、视觉、听觉、味觉感受交互作用和大脑思维构想密切联系的活动，是提高学生的创新设计能力、思辨能力、勇于探究与实践的科学精神、分析解决问题的能力的实践活动。教师可以充分利用课程学习中的实践活动，课堂上融入课程思政主题训练模块，以激发学生的学习兴趣，通过主题训练与实践，体验与探究，讨论与交流，通过自身的实践行为生动地获取知识，增强设计技能，并找到利用所学知识解决实际问题的途径和方法，逐步促进学生形成创造性思维和实践能力。

（一）教学设计

在遵循教学规律的基础上对“造型原理”课程进行课程设计改革。如图7所示，教师在理论知识讲授中融合中国传统美学造型应用实例分析，通过案例讲解使学生了解造型设计法则的重要性。通过课程思政内容加深学生对中国文化的了解，进一步增强学生对基础课的学习兴趣，建立正确的学习观。同时，实现课程思政的隐性内容导入，在润物细无声中使学生接受传统文化的洗礼。

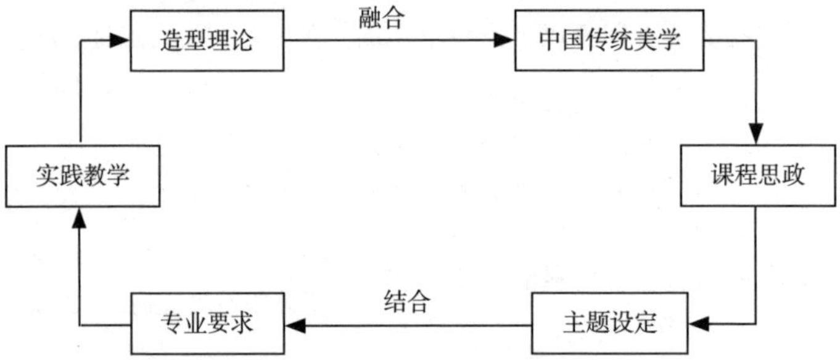

图7 教学设计闭环图

在教学设计中的所有知识内容主要围绕“造物—造型”活动展开，从中国造物思想与哲学出发，以历史时间轴的形式，梳理中国传统造型的文化内涵、风格特点、装饰手法、结构形式及工艺技能（见图8），使学生了解中国美学的历史演变和时代特征，理解“造”与“型”的目的、行为、结果等诸多要素。

1. 典型案例教学分析

结合典型案例充分理解形态与产品结构、材料、加工工艺，重点指导学生理解造型，掌握形态塑造的方法与规律，并能够理解形态与文化内涵、形态与象征语意、形态与感知、形态与自然之间的唯物辩证关系。采取全面的互动教学，调动学生自主学习实践的积极性，坚持“以教师为主导、以学生为主体”的教学原则，促使学生主动挖掘中国美学哲学观与价值观。

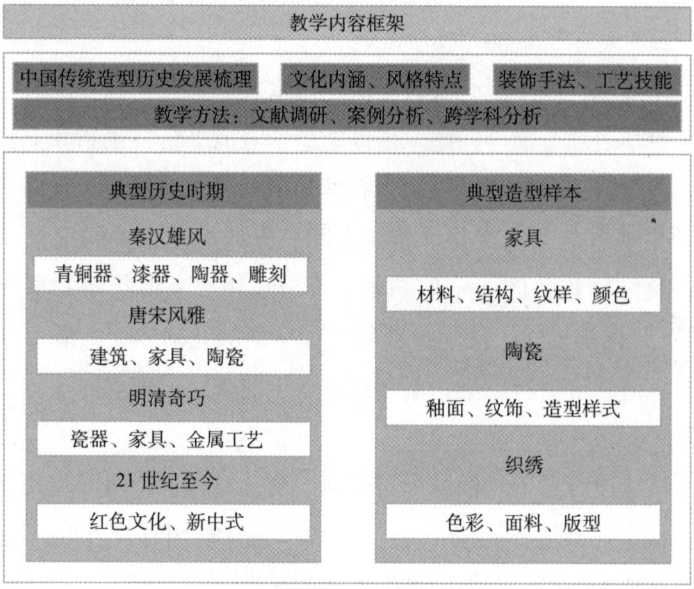

图8　教学设计知识内容

在教学过程中，借助文化分层理论，深入中国美学背后的组织机制、社会形态及宗教信仰、价值观念的层面，启发学生探索造型风格形成所依存的各种外部条件和支配逻辑。首先，表层层级，即造物活动对应的是形态、色彩、材质、工艺、技术等；其次，中层层级，即造物活动触及了生活方式和行为方式，是人与人、人与物以及人与社会之间产生的互动关系，表现为每个时代、环境、制度条件下的生活方式、行为规则、标准等；最后，底层层级，即造物活动离不开相应社会价值观念的约束，这种价值观根植在民族的生存哲学和文化之中，具有持久的影响力（见图 9）。

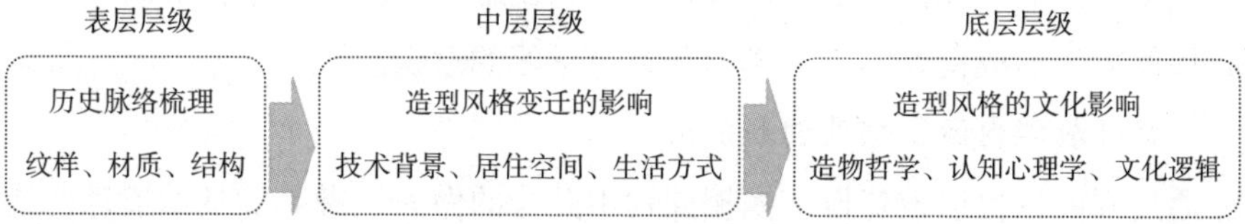

图9　案例分析模型

通过层层解析中国美学符号特征，充分锻炼学生分析能力，并对中国美学符号形象进行二维平面至三维立体的转化，使学生在设计提炼过程中更加深刻地领会中国美学文化精髓，传承中华优秀传统文化，发扬中国传统造物智慧，把实现自我价值与提升国家使命感、民族责任感紧密地联系在一起。

2.“线上＋线下”混合式教学

教师采用线上、线下混合式教学法以丰富教学形式，弥补课时限制、教学知识拓展、教学演示全面等问题。借助超星学习通平台，录制并上传“造型原理”线上课程内容，弥补课时限制、教学知识拓展、教学演示全面等问题。此外，推荐学生观看与非遗文化、传统造物、设计美学相关的纪录片，下载与中国传统造物结构相关的 App 客户端，充分运用线上博物馆共享资源。通过“线上＋线下”教学模式，使学生获得更加全面的互动体验，潜移默化地被中国文化价值、情感价值所感染，不断提升学生的职业道德素养。

3. 共享课程思政教学资源

在新文科建设背景下，以继承与创新、交叉与融合、协同与共享为主要途径，结合“线上＋线下”混合式教学方式，充分利用移动互联、物联网、数字身份等信息技术，以“造型原理”课程为起点，积少成多地构建线上开放式的课程思政教学资源开发和整合，形成优质的课程思政教学资源库。随着计算机、多媒体等技术的丰富与提升，自课程开设以来，教师不断更新教学手段，并不断尝试融入数字化教学手段：多次采用线上、线下混合教学，线上以理论教授为主，线下以学生实际操作为主；分享优质电子课程、优秀案例视频、电子参考书等；教师指导计算机辅助三维建模造型推敲；使用校内、外 3D 打印资源实现学生造型创意。

（二）教学实践

结合课程思政教育理念，“造型原理”实践教学充分发挥“做学融合”的综合优势，积极开展“课堂—实验室—共创平台”多主体、多空间参与实践，充分调动学生的兴趣、热情，启发师生的共创思维，引导学生在实践中开拓视野，促使学生形成良好的自主学习和终身学习的意识。

1. 提升教学内涵，拓展创新能力

通过开展课程思政建设，挖掘课程中蕴含的做人、做事的基本道理，社会主义核心价值观的要求和民族复兴的责任与担当等育人要素，并将其融入教学过程中，形成“教育者先受教育”的良好氛围，这是开展课程思政建设的基础，也是课程思政建设的重点。在实践教学中引导学生理解和运用美学知识。在教学实践过程中，教师在课前做好教学预案，采用科学有效的方式丰富课堂教学，如案例赏析、头脑风暴、快题设计、小组讨论等。在思政教学方面，结合社会主义核心价值观传递正能量，引导学生建立正确的人生观、价值观。在教学中，充分利用设计类教学一对一模式的优点，针对不同特点的学生采取多种方式进行辅导。在教学中发掘每位学生自身优点，帮助学生建立自信，鼓励他们勇于创新。

2. 融合传统美学，丰富理论教学

将中国传统美学融入教学方案中丰富理论课程案例，展示形态语言、造型符号在传统美学中的魅力，通过实例逐步建立学生的文化自信和民族自豪感。在造型原理理论知识框架的基础上，结合各章节知识点，融入中国美学的相关知识点。

①在造型要素方面，以家具造型为实例，以直观的视觉感知来进行对比，将中、西风格家具的造型作为定量，来比较其他变量元素。将古、今中国家具的造型作为定量，来比较其他变量。此外，进一步对中、西方家具造型具体要素进行分析比较，通过细节对比，深入了解中国美学特征的设计要素。

②在材料要素方面，以历史发展为轴线，增加中国传统工艺中材料特征分析。分析传统材料的特性、工艺、传承和创新应用等案例，让学生更深入了解中华民族特有的材料语言、工艺特征及当代设计师在专业领域的创新应用。

③在装饰要素方面，通过案例来讲授中国美学特有的装饰题材要素，让学生了解传统文化所追求的人文精神；在装饰法则板块，同样可以通过家具或器物等实例讲解中国美学思想中的对称观，从而诠释对称与均衡的关系，以及“饰极返素”的淡美自然的装饰特征。

④在制作工艺方面，以中、西方家具制作工艺展开对比分析。让学生了解与造型息息相关的传统制作工艺，理解内在的工艺美，是隐含着中国人民生活史中丰富的传统工艺艺术文化底蕴。巧妙的攒边作法、致密的榫卯结合、利落的线脚转折、平滑的曲面加工及形体造型，无不显示我国古代木工们高超的匠心和神奇的技艺，也表述了他们对“工巧之美”的执着追求。

通过在各章节中增加对传统美学案例的赏析，开阔学生们的视野，扩展设计思路，培养可传承中华文化的设计师。

3. 结合专业实践，三维形态构建

实践内容主要从“目的形态研究”“材料结构工艺整合研究”“综合形态创造研究”三个方面展开。其一，在课程初期，学生充分挖掘中国传统文化中蕴含的造物哲学，提炼符号元素，设定设计目标。其二，学生运用材料、结构、工艺等制作手段，结合线上共创平台，在物理空间中创建多样的三维立体形态。其三，在造型过程中，应用设计创新思维系统协调整体形态与局部形态之间的平衡关系。造型实践是在理论教学的基础上，学生基于设计理论与方法，采用材料加工工艺、结构制作工艺，对中国美学符号元素进行转化创新，深刻体验传统造物过程中的工匠精神。鼓励学生大胆创新，可采用抽象、具象或意象的多种立体形式设计制作。以纸质材料、3D 打印制作为主，也可结合其他材料语言表现符合主题的新设计。依托于多样产品类型，通过产品造型形态，转译中国美学设计元素，找到课程、思政、专业三方面的结合点，呈现于综合造型的最终阶段。在实践教学中，不断启发学生辩证思维意识，培养学生良好的科学研究素养。

（三）教学反思

通过各教学环节，真正实现课程思政与专业基础课协同发展的教学目标，需要在教师修养、课程设计、协同育人等多方面进行改进与提升。提高教师修养、积极转变教学模式，对于丰富教学内容、创新教学形式起到积极的催化作用。通过完善的课程设计，做到润物细无声地将课程思政融入基础课教学中。通过理论及案例研究，将中国美学教育融入课程的相关理论知识中，在引导学生建立三维造型意识的同时，全方位为学生梳理正确的美学价值观，为继承和延续中国美学传统基因打下坚实的基础。

在实践过程中，设计课题为中国风格产品造型的形态转译，课程目的是根据时代发展与文化变迁不断调整、更新教学内容和创作实践，以中国优秀传统文化为基石，引导学生深入了解中国美学特征，并通过设计实践鼓励学生传承中国设计元素，在弘扬爱国主义、民族精神和发扬中国传统文化的同时，教育学生立足时代，树立正确的美学观念，增强文化自信。但是，在课程实践过程中发现，学生对于中国美学内涵缺乏系统性的认知，在设计转译过程中，大多依据表面形态构造开展设计实践。后期课程需增加对底层思想、内涵的设计研究环节，加强学生对理论知识结构的构建能力，进一步提高学生在设计实践中的创新能力，以实现全方位协同育人，激发学生的学习动力，让学生建立正确的社会主义核心价值观。

"扶贫项目+'采风'课程"思政教学改革探索与实践

完成人：史文莉 审核人：张秀芹

一、课程基本情况

课程名称：采风

授课对象：纺织品设计专业大学三年级学生

课程性质：专业课

二、课程简介

"采风"课程是纺织品设计专业必修课，是一门专业考察课，是学生获得第一手资料的课程，具有其他课程无法取代的地位。它是课堂之外最为真实、最为深入的一门校外实践课。本课程主要内容是通过对贵州丹寨非物质文化遗产（以下简称"非遗"）——基加苗族蜡染、卡拉鸟笼、石桥古法造纸进行实地考察与非遗体验，让学生充分了解丹寨非遗的历史文化，掌握非遗的制作工艺流程，并且把丹寨非遗融入现代艺术设计当中，培养学生合理运用现代设计思维重新设计丹寨非遗的创新能力。该课程最终以"穿在身上的非遗"创意作品展的形式使传统手工艺重新焕发出新的生命力，以"非遗＋文创＋扶贫"的模式来完成教学。

本课程教学中参考的书籍有：徐刘蔚、韦文扬、韦荣慧主编的《千年窝妥：丹寨苗族蜡染文化特展》、《丹寨：印象非遗》编委会编著的《丹寨：印象非遗》。

三、课程教学目标

（一）思政目标

通过对贵州丹寨的实地采风与考察，培养学生对扶贫项目的认识，树立正确的价值观。

（二）教学目标

①通过对贵州丹寨非遗——基加苗族蜡染、卡拉鸟笼、石桥古法造纸的考察与体验，让学生掌握非遗制作工艺流程，提高他们的动手实践能力，提升学生对非遗的认知度，培养他们对非遗的兴趣。

②通过丹寨非遗再设计，培养学生合理的运用现代设计方法并把它应用到具体的项目当中的能力，达到理论联系实际的目的，提高他们的创新设计能力。

四、课程基本内容及要求

本课程的基本内容及要求见表 6。

表6　课程基本内容及要求

课程章节	知识点	课程思政教学知识点
第一章　考察丹寨非遗	了解丹寨非遗历史，走访非遗传承人	通过考察让学生充分了解各村寨的风土人情及非遗历史，领略劳动人民的智慧与勤劳。通过走访传承人，让他们体会到由于缺乏与时俱进的设计，这里的村民并没有因为高超的手艺而改善自己的生活水平，加深学生的设计责任感
第二章　体验丹寨非遗	掌握丹寨非遗技艺，如：蜡染、鸟笼制作、古法造纸	通过非遗体验让学生掌握非遗技艺，提高他们的动手实践能力；培养学生对非遗的兴趣，树立他们的民族自信心
第三章　丹寨非遗再设计	运用现代设计手法对丹寨非遗元素进行再设计	培养学生创新思维能力、团队合作精神和集体意识
第四章"穿在身上的非遗"设计作品展	通过设计作品的展示与评价，帮助学生系统梳理所学知识，建立理论联系实践的能力，提高学生在项目参与过程中的素养	通过此次展览，让学生在项目完成之后有获取成功的体验感和参与扶贫项目的荣誉感，实现对学生的价值引领

五、课程思政教学设计

（一）教学设计

1. 本节所在章节框架

课程第二章“体验丹寨非遗”包括三节：第一节为丹寨基加苗寨蜡染非遗体验，第二节为丹寨卡拉村鸟笼非遗体验，第三节为丹寨石桥村古法造纸非遗体验。本节以第一节丹寨基加苗寨蜡染非遗体验为例，详解教学设计。

2. 教学内容

教学内容包括以下四部分：

①丹寨基加苗寨的整体概况。

②丹寨基加苗寨的非遗历史文化。

③丹寨基加苗寨蜡染工艺流程。

④体验苗寨蜡染的制作技艺。

3. 教学目标

①知识传授。掌握丹寨基加苗寨的蜡染工艺流程，了解丹寨基加苗寨的非遗历史文化。

②能力培养。通过对基加苗寨的蜡染制作技艺的体验，培养学生动手制作的能力。

③价值塑造。通过考察、走访、交流、体验等多种教学方式，提高学生对扶贫项目的认识，引导学生树立正确的价值观。

4. 课程思政教学设计思路

①请当地村支书介绍基加苗寨的整体概况为本节教学开始，以走访参观的形式与当地非遗传承人进行交流，为整堂课的思政教育奠定良好的基础。

设计依据：本课程学生大部分来自都市，没有从偏远乡村来的学生，他们家庭条件优越，过着衣食无忧的生活，不知道生活的艰辛，因此，安排村支书讲解基加苗寨的发展和参观基加苗寨非遗传承人的生活环境，有助于让学生知道都市之外的真实生活，激发他们的同理心，培养他们对扶贫项目的认识以及树立正确的价值观。

②以非遗为切入点，让学生了解非遗文化，体验非遗技艺，培养学生对非遗的兴趣，增强他们的民族自信心。

设计依据：学生大多为"90后"，甚至有"00后"，他们的成长经历导致其对中国传统文化的了解并不多，对非遗的了解有限。因此，设计此环节，旨在培养学生在充分了解我国优秀传统文化的基础上进行传承与创新。

③本节课通过参观走访、交流讲解、示范体验等教学方式将课程内容自上而下地整体串联起来，使学生对所学内容有较为全面的认识并形成完整的知识构架。

设计依据：为什么要学？所学有何用处？这是学生在学习过程中面临的主要问题。通过多样的教学模式可以有效地解决这些问题，使他们有的放矢地学习，提高他们学习的积极性与主动性。

5. 课程思政教学创新点

①将扶贫项目引入课堂教学，充分展现"科研强教"的作用，引导学生从民生的角度关注社会问题，加强他们的社会责任感。

笔者在担任丹寨万达小镇第十七任镇长期间，策划了"穿在身上的非遗"设计作品展，此公益项目与"采风"课程不谋而合。根据"采风"课程特点和丹寨非遗特色，本次课程将扶贫项目有机地融入课程里面，目的是让学生了解丹寨，传承非遗，热爱中国传统文化，树立民族自信，同时推动丹寨非遗文创产业的发展，为丹寨的发展出一份力。

②在教学过程中，通过形式多样的教学方式，将思政教育润物细无声地融入教学当中，立德树人，实现文化的自觉传承。

本次课程采用了多种教学方法。如通过考察的教学模式，参观丹寨基加苗寨并请当地村支书讲解基加苗寨的建设风貌，让学生充分了解基加苗寨的发展历史和基加苗寨的新貌与未来规划，使学生认识到政府的力量和感受到党的关怀，强化学生的爱国主义精神。如通过走访与交流的教学模式，让学生了解非遗传承人的生活境况以及由于没有与时俱进的设计，他们并没有因为高超的手艺而改善自己的生活水平，加深了学生的设计责任感。如通过体验的教学模式，让学生学习丹寨非遗的制作技艺，加深对丹寨非遗的了解，激发他们的兴趣，增强他们的民族自信心。

6. 课程思政教学评价

本章节采用的是个体式评价，以教师和学生为主。如教师根据每个学生在学习过程中的具体情况以及最后呈现的项目结果进行总结性的评价，帮助学生梳理学习过程中的知识点，提升学生理论联系实践的能力。本章节还让学生进行自我评价，也就是在学习过程中对自身的学习和发展进行客观的评价。这种自我评价有助于学生的个体成长和发展，是学生自我修正、自我反思、自我完善、自我实现的过程。在教学过程中教师也鼓励学生之间的相互评价，如一对一的同伴评价，或小组成员间的相互评价，以及小组之间相互评价等，这不但可以活跃课堂气氛，而且可以加强学生之间的相互交流、相互学习。学生对老师的教学进行客观性的评价也很重要，教师会在教学过程中适时地给学生评价时间和空间，及时与学生交流各种信息并且反馈到教学实践中，以提高教学质量。

（二）教学实践

本章节教学实践情况见表 7。

表7 教学实践情况

教学内容	教学方法	课程思政体现
丹寨基加苗寨的整体概况：苗寨历史、苗寨现状、苗寨未来规划	特聘当地村支书带领学生参观与讲解	让学生充分了解基加苗寨的发展历史和基加苗寨的新貌与未来规划，使学生认识到政府的力量和感受到党的关怀，增强学生的爱国主义精神
丹寨基加苗寨的非遗历史文化：苗寨蜡染历史、苗寨蜡染特色、苗寨蜡染现状	特聘当地非遗文化主任讲授	弥补我校课程教学的不足，让学生了解丹寨，了解基加苗寨蜡染，传承非遗技术，增强他们的社会责任感
丹寨基加苗寨蜡染工艺流程：布面制作、蜡液制作、蓝靛制作、上蜡工艺、浸染工艺、脱蜡工艺	特聘当地非遗传承人进行示范	让学生热爱中国传统文化，激发他们传承传统文化的兴趣，增强他们的民族自信心
体验苗寨蜡染的制作技艺：图稿设计、画腊、浸染、脱蜡	学生亲自体验	加强教学互动，锻炼学生的动手实践能力，加强他们的合作精神和集体意识，为日后设计非遗文创产品打下良好的基础

（三）教学反思

1. 教学效果分析

本次教学得到了学生的一致好评，这从学生在课堂上的表现上也可以反映出来。总结其原因有两方面：一是该课程的内容设置更加贴近生活，能够解决实际问题。从学生的角度来看，学生能很好地学到想要的知识点。二是多样的授课方式，使学生不再是坐在教室里听课，而是走出校园，走进生活，这样的授课模式能够有效调动学生的学习热情，激发他们的自主性。

2. 存在的困难与问题

其一，该课程的实现需要一定的经费支持和安全保障，满足学生的吃、住、行等基本需求。其二，在课程规划上要花费很多时间与精力，比如需要提前和相关部门进行沟通并得到当地政府的支持等。其三，在教学过程中要考虑到每个学生的特点，有的放矢地教学。其四，该课程的延续需要得到学校及项目方的支持。

3. 改进思路

提前部署与安排该课程的相关内容，更加周密地考虑每个教学环节。要积极与项目方对接，提出教学需求。多听取学生的反馈信息，完善教学效果。

北京传统文化在毕业设计中的再造与研究

完成人：刘达　审核人：闵胜男

一、课程基本情况

课程名称：毕业设计与论文

授课对象：大学四年级学生

课程性质：专业课

二、课程简介

完成毕业设计与论文是高等学校教学过程的一个重要教学环节，是学生在教师的指导下，独立从事从品牌、项目、创意、专业、写作、材料和实践设计整体研究的初步尝试。它是对学生学习成果的综合性总结和检阅，是检验学生掌握知识的程度、分析问题和解决问题能力的一份综合答卷，也是一次从学校学习过渡到独立工作的“实战演习”，是学生从事实际工作前的最后考验，是学校通向社会的桥梁。“毕业设计与论文”课程是系统性的工程、是教与学从理论到实践结合课程思政的完整总结。它是巩固、深化和强化学生所学基本理论、基本知识和基本技能的课程，也是提高学生实践能力的综合训练。

本次课程教学改革通过以点带面的方式探索“毕业设计与论文”课程的建设、培养方案、教学内容结合课程思政的整体优化。此次虽然只是通过 8 名毕业生进行教学改革实验，但是成果颇丰，在课程中，组织 8 名同学参与全国省部级大赛，其中获得全国大赛铜奖 1 项、陪审团奖 1 项、优秀奖 1 项；另有 3 名同学的作品被上市企业录用并投入生产制作；1 名同学的毕业设计获优秀毕业奖。

三、课程教学目标

（一）思政目标

培养学生的创新能力和团队精神，树立良好的学术思想、工作作风及正确的三观。增强学生对本专业的热爱及文化自信心，发现专业知识应用领域的广泛性，专业知识较高的价值性。提高学生专业的基础、创造能力和担当意识。

（二）教学目标

培养学生调查研究、查阅文献和收集资料的能力；理论分析的能力；制定设计或实施方案的策划能力；构思、草案和绘图的能力；实验、可行性研究能力；计算机和新材料的表现应用能力；总结提高、撰写论文和设计说明书的能力；设计的传达宣传能力等；通过学习，培养学生触类旁通、举一反三的能力。

四、课程基本内容及要求

本课程的基本内容及要求见表 8。

表8　课程基本内容及要求

课程章节	知识点	课程思政教学知识点
第一章　毕业设计选题的分析和研究	深入了解选题	选取文化素材，介绍优秀文化
第二章　创意设计	调查研究和文献资料的检索、阅读、消化与写作训练	了解中国本土优秀传统文化特点
第三章　设计方案的初步制定	从项目、思维创意等方面训练	培养学生的创新能力和团队精神，形成良好的学术思想和工作作风
第四章　设计方案的深入研究	从图案、色彩、材料、工艺实践等方面训练	引导学生进一步深入学习研究本民族的文化精髓
第五章　设计的探索与实践	材料及工艺实践和综合整理和分析，绘制草图，制作设计作品小样	培养学生的团队精神，与社会企业的沟通合作
第六章　毕业论文的撰写	结合毕业设计、毕业论文的选题分析和调研，拟写毕业论文提纲论文	学习中国文化史、艺术史等培养学生的文化自信
第七章　毕业论文的修改和完善	论文的修改及设计展览	学习中国文化史、艺术史等培养学生的文化自信

总之，结合课程思政的教学需要全方位，细化来进行，一方面教师首先需要提升思想高度，随时可以把课程思政内容通过多途径传授给学生。另一方面可以从学生熟悉的、感兴趣的课程内容切入，使学生在愉悦的氛围中接受思政教学内容，实现专业知识和课程思政内容教学效果。

五、课程思政教学设计

（一）教学设计

1. 课程思政教学的总体理念和思路

“毕业设计与论文”是一门集创意、设计、实践、论文写作等综合性的大课程，也是学生离开学校、迈入社会前要学习的最后一门课程。这门课程不仅需要巩固好专业知识，更重要的是需要培养学生正确的思想道德观念和价值观，树立学生的爱国情怀和培养他们的文化自信，做一名有利于国家、有益于社会的栋梁之材。

本课程以“毕业设计项目驱动”为导向，通过构建混合式教学模式，来培养学生自主探究和解决实际问题的能力，为学生步入社会做最后一次冲刺训练。本次课程教学改革是建立在北京服装学院艺术与科技专业（原纺织品设计）多年的毕业设计课程教学现状及实践的基础上，通过带领一组（8 名）大学四年级学生完成毕业设计，结合课程思政教学探索“毕业设计与论文”课程体系的教学改革，对课程建设目标、课程建设内容、教学方法等进行整合及优化，做到与时俱进。

2. 总体教学设计

在本次“毕业设计与论文”课程教学改革中，积极探索以老北京传统文化与课程思政结合教学模式的探讨与研究，通过项目实践教学、个性教学、线上及线下课堂等多方式进行教学，重新修订课程大纲、课程内容及教学效果评估标准等打造一套适合毕业设计及论文的教学范式。具体设计如下：

（1）梳理清晰的毕设课程体系

以“项目设计 + 创意训练 + 专业模块 + 实践模块 + 论文写作模块”等形成较为完整的教学体系。以知识模块化促进不同学科专业领域间的有效链接和交叉融合。“毕业设计与论文”课程上、下两学期一共 260 学时，第一学期为 100 学时，主要设置占 2/3 的商科课程、通识课程、论文写作课程、课程思政教学的教学体系，1/3 为实践项目训练课程体系。第二学期 160 学时，基本为实践项目训练课程体系和论文写作课程体系。本次教学改革主要针对第一学期。

（2）以文创设计作为实践项目

实践项目促使学生熟悉“市场需求—流行趋势预测—成本数据分析—设计成品—品牌推广”全链条设计流程，培养学生具有一定的市场运营意识和能力，以及综合设计和整合能力。这门综合性的大课是在学生走入社会之前的临门一脚，是促使学生能力与企业需求达到一致的最后一门课程，所以该课程起到关键的作用。

（3）采用设计接力训练的指导方法

这种教学方法源于 2016 年纺织品专业外请瑞士教授时应用的一种非常有效的教学指导方法。让学生以小组为单位依次传递设计，这是一个动态有趣的设计过程，所谓“不破不立”，在设计接力训练中通过打破个人的惯性思维，让学生积极地创新。通过这种动态训练方式使学生从灵感到图形的提取能力，立体形态的造型能力和工艺制作能力全面提升，也是唤醒学生四年的疲惫状态，为步入社会调整出最好的状态。

（4）采用混合式教学模式

聘请企业领导者、设计总监用线上、线下结合的教学方式与学校老师共同备课、授课，真正与市场实际项目进行对接。从项目主题、项目流程、设计思路、专业知识、工艺表现、课程思政教学等全方位进行整合，完成整个设计流程和教学内容，并尽量落地成系列能上市的产品，让学生真正能介入商业设计。

（二）教学实践

1. 教学内容

立足于北京特色文化优势，将北京传统文化的传承和创新与纺织品设计专业教育相结合，将久远精湛的文化渗透现代设计及艺术教学中，弘扬艺术设计文化精神，深化教育改革和培养学生爱国情怀。

在课程教学中以北京皇家建筑文化、燕京八绝、北京胡同文化等素材来进行“品牌—创意—图案—面料—工艺—成品—论文撰写”等综合设计内容。

2. 教学方式及教学过程

以文创产品设计为驱动，采用实践教学、个性教学、线上及线下混合式教学等方式，具体方法及过程如下：

（1）设定项目，梳理思路

毕业设计及论文写作涉及课程面广，需要学生根据项目梳理思路。有些学生比较自由散漫，缺乏时间观念，所以有一个比较详细的计划非常重要。毕业进度管理通常采用鱼骨头法方式进行梳理，包括完成阶段性目标、时间、涉及内容及完成方式。

（2）因材施教，动态调整课程内容

根据每个学生学习特点和研究方向，随时调整课程内容。比如对于北京传统文化的再造，需要进行不同教学内容的教学，有的同学善于用图案和印花方式进行设计，教师教学中应注重创意设计、图案设计和面料设计的教学培养。有的同学善于用手工方式进行设计，教师需要应用偏重创意设计、色彩设计和工艺实践的教学培养方式。比如，学生从故宫传统建筑的图案和色彩中得到灵感，用针织方式进行面料设计表达，从创意、图形到实践培养，都有非常好的教学效果，见图 10。

图10　从传统建筑图集、色彩到面料设计表达

（3）结合课程思政教学，采用线上、线下结合的教学模式

教师根据学生学习特点随时进行教学辅导，每周一般采取 3 次线下集中教学辅导，其余时间采取线上一对一动态辅导方式。每个月请校外企业导师根据设计项目进行 1 次线上辅导。在辅导过程中结合课程思政内容进行教育，比如，

从建筑图案及古建筑的榫卯结构，讲到中国古人的智慧，自然而然增强了学生的文化自信和对国家及民族的荣誉感，最终实现高校教育“三全育人”的目标。

图 11 所示为纺织品毕业设计与论文专题课程教学内容和模式。

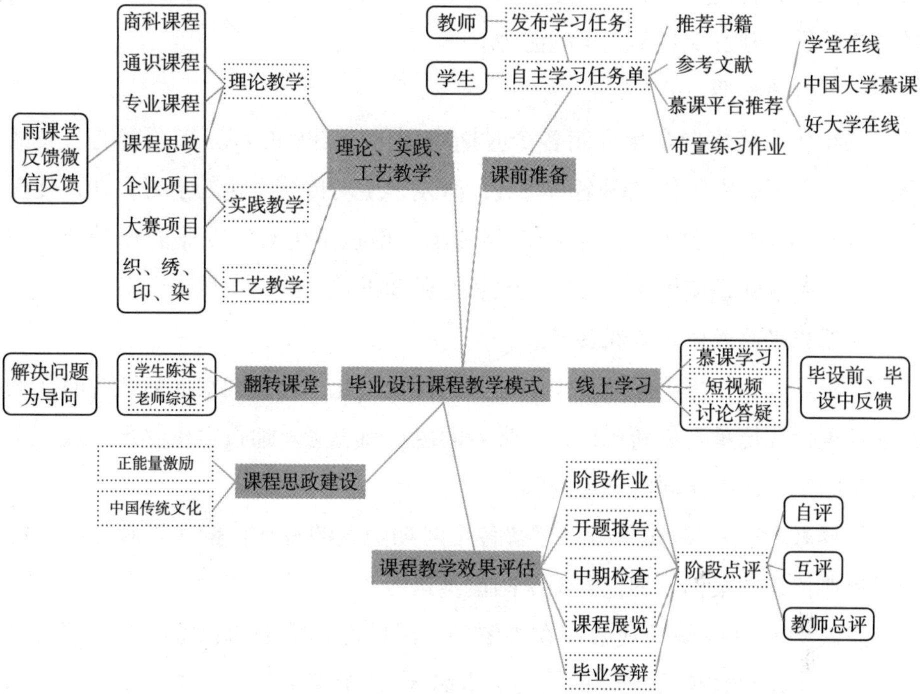

图11　纺织品毕业设计与论文专题课程教学内容和模式

（三）案例:《图案设计：创新思维导向式学习》第一章的教学设计

1. 主要内容

《图案设计：创新思维导向式学习》第一章主要学习目标是学习纺织图案发展史，了解中国图案的历史文化和设计渊源，理解纺织品图案设计基础特征。学习传统图案的构成规律、色彩与应用规律，熟悉纺织品图案设计的审美形式原则。

2. 教学目标

根据本节课教学内容及教学大纲要求，结合学生专业的特点，确立本节课教学目标如下：

（1）知识传授

了解每个时代经典图案的历史背景和创作来源，学会从经典图案中发现美的构成和美的色彩，掌握经典图案的设计原理。

（2）能力培养

根据经典传统图案进行再创作和再设计，善于借鉴和应用经典传统色彩，具备自行设计开发配色和图案的能力。

（3）价值塑造

以年代为线索向学生介绍各个时期中国传统图案的特征和图案的人文故事，使学生了解中国传统图案的特点，激发学生对传统文化的学习兴趣，使学生自觉对传统文化进行普及、推广与传承；增强学生对本专业的热爱及自信心，发现专业知识应用领域的广泛性及专业知识较高的价值性。

3. 课程思政教学思路及创新

课程导入——提出问题：中国优秀的传统文化、经典图案如何适应时代的发展实现代代传承与创新？让学生带着问题进行思考。通过学生熟悉的故宫皇家建筑图案引出本次课的学习内容。

指导教学—— 新知学习：了解各个时期图案的特征，融入思政元素，提升对经典传统图案构成和色彩美学的审美素养。

思政融入—— 思政成效：在讲解各个时期图案特征知识点时融入课程思政元素（中国传统图案美学特点及历史名人），解密中华历史美学文化，让学生感受中华文化的博大精深，增加民族自豪感。

课程小结—— 知识总结：对知识点进行总结归纳。

课后思考—— 知识拓展：布置课后讨论题提高学生运用知识的能力。

（四）教学反思

1. 教学效果分析

通过把思政课程中大国文化、民族文化、地方特色文化等美学文化元素与毕业设计图案、色彩、工艺以及论文相融合进行设计，激发学生对传统文化的学习兴趣，使学生自觉对传统文化进行普及推广与传承，同时增强学生对本民族的热爱及自信心。整体教学效果较好，8 名同学的作品的应用效果较好。

2. 存在的实际困难与问题

其一，学生自主探究问题和解决问题的能力较弱，缺乏清晰的设计思路和完整的知识体系。其二，学生对于抽象的课程思政概念不能完全理解。其三，学生论文写作和查阅文献能力相对较弱。

3. 改进思路

其一，以项目设计为导向，打造多维度的教学模块，把学生所学的核心理论知识模块真正应用于实践项目，转化成一定的经济效益。其二，通过对北京传统文化元素的再造与研究把思政细分融入课程中，多角度来培养学生的爱国情怀和正确的“三观”。其三，明确毕业设计体系和设计思路。

总之，结合课程内容思政内容的教学需要全方位、细化地进行，教师要思考如何充分发挥教学的作用。

“环艺创新工作营”课程建设及教学实施研究

完成人：李政、金岩、张乐、赵冠男、陈望　审核人：车飞

一、课程基本情况

课程名称：环艺创新工作营

授课对象：环境设计专业大学四年级学生

课程性质：专业课

二、课程简介

（一）课程内容

对应国家战略和北京市需求，在经过城市建设高速发展的今天，“去存量”与“城市更新”成为新的建设目标，本课程教学中以此为题进行教学实训，要求学生了解国家未来之需，了解业态的发展和变化，为未来步入社会做好前期准备。

本课程坚持动态发展，以乡村最新需求为课题展开实践教学，强调设计人才培养的全流程和落地性。主要内容包括：实地调查与数据分析、案例研究及跨专业研讨、设计落地与村民共建。

（二）课程特点

课程的授课对象是环境设计专业大学四年级的学生，室内设计、景观设计、媒体建造三个方向的学生需要在此次课程中完成一次扩维的设计训练，即在三年的专业学习后，需要在第四学年的课程中进行三个方向的融合。

本课程努力实现设计成果的落地性和可实施性，为即将步入社会进入专业领域和职业化做好前期的铺垫工作。

本课程重申环境设计专业定位，以"改善人居环境"为理想，关注社会民生的设计价值观，强调学生要做具有国际视野与水准的、能够顺应国家发展战略的设计人才。

1. 实现跨专业融合

2015 年，课程聚焦河北石城子村，以环境设计为主线，调动本校视觉传达、摄影、纺织品、数字媒体、雕塑等专业，多维度激活乡村文化遗产。

2. "讲好中国故事"的乡村建设

2017 年，课程聚焦北京市通州区吕家湾村，探索京杭大运河文化下的乡村建设；2018 年，通过对北京市怀柔区西栅子村的精准帮扶实践，探索长城文化下的国际化乡村建设交流，与意大利米兰理工大学师生联合开展实践课程。

3. 红色主题思政融合

2019、2022 年，课程先后聚焦北京市门头沟区京西红色基因，打造"京西第一红村""薪火田庄红色文化体系"，探索乡村振兴与课程思政在实践教学中的有机融合。

4. 艺术设计赋能农业科技

2022 年，课程持续探索在地共建与落地性，与农业科技中关村——北京市平谷峪口镇形成"艺术赋能科技农业""实践课程为乡村打造大地艺术节"等课题。

5. 学生实践成果落地，课程实现"产、学、研"一体

2023 年，通过社会资金支持，为东樊各庄村成功打造第一届平谷区峪口镇大地艺术节。

6. "艺术小院"加速艺术赋能乡村

以本课为依托，与峪口镇形成共建的、全面推进艺术进乡村的实践基地。

上述探索旨在解决育人中课程思政、五育并举、跨专业合作、国际化交流、"产、学、研"一体、实践教学落地等关键问题，补全环境设计学生应经历的"设计"到"实施落地"全流程闭环中最重要的拼图。

在教学中，探索了如图 12 所示的社会实践课程建设模式。

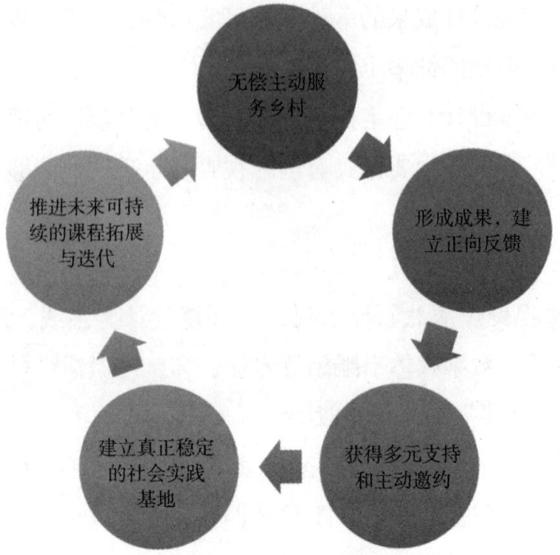

图12　社会实践课程建设模式

（三）课程所获奖项

课程立足北京城乡空间研究，深挖“乡村振兴”课题在实践教学中的课程思政、“五育”并举潜力，探索跨专业与院校、国际化联合，以及在地共建与落地的实践教学模式。本课程发展历程及所获奖项见图13。

①“环艺创新工作营”课程学生评教成绩优秀。

② 2021年，“环艺创新工作营”课程教学团队入选北京市高校课程思政示范课程、教学名师和团队。

③河北省秦皇岛市青龙满族自治县石城子村跨专业设计实践团队获批学校重点实践教学创新团队。

④ 2023年，“艺术院校作为新农人介入乡村振兴策略探索”获中国纺织联合会纺织高等教育教学成果二等奖。

⑤ 2023年，“跨专业课程联合乡村设计实践探索”荣获2023年北京服装学院教学成果一等奖。

⑥相关实践活动获得“北京高校‘红色1+1’示范活动”一等奖、三等奖和“首都高校师生服务乡村振兴行动计划”三等奖。

⑦相关成果获《人民日报》等权威媒体报道。

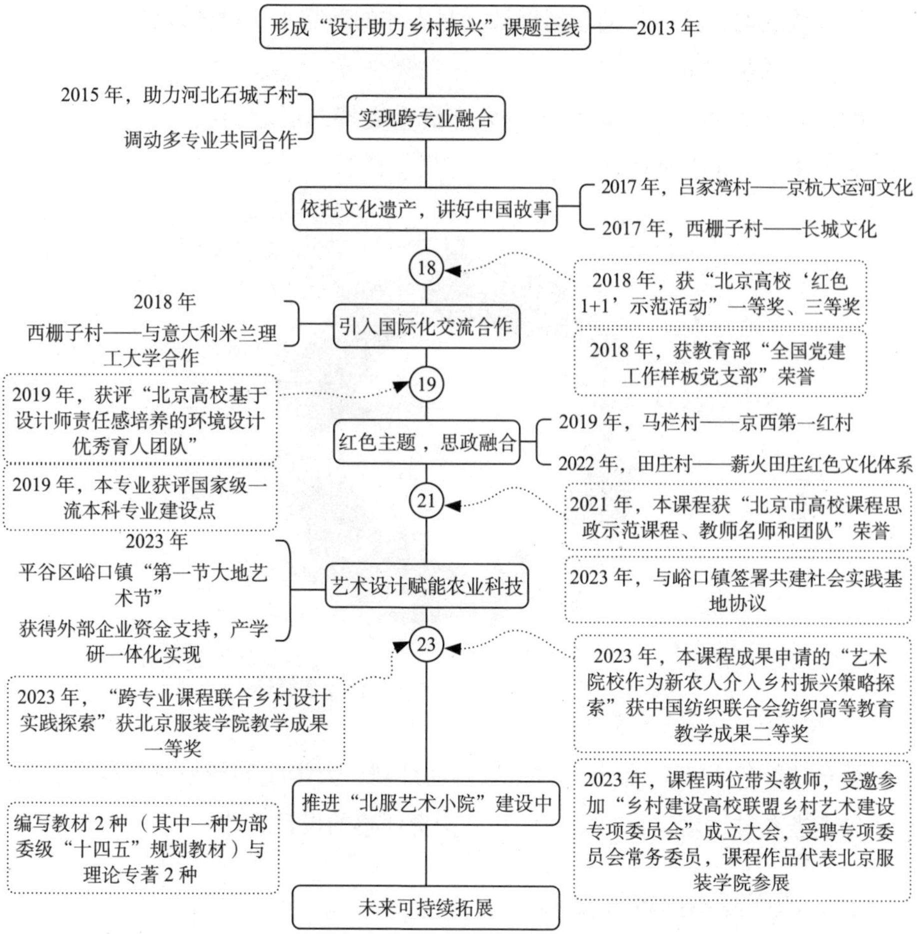

图13　课程发展历程及所获奖项

三、课程任务和教学目标

北京服装学院为市属高水平特色大学，环境设计专业 2019 年获评国家级一流本科专业建设点。

本课程发挥全国党建工作样板党支部先锋作用，挖掘北京高校课程思政示范课程教学名师和团队思政潜力，发挥时尚高校美育优势，以劳润德、以劳育美，"五育"并举、与美同行。

形成检验教学成果的窗口，补齐设计教育从构想到落地全过程闭环的最后板块。

以实践基地为接口，动态捕捉社会对人才的新需求，融入课题迭代，提升学生深造与就业竞争力。

融入社会资源，落地成果吸引外部资金支持，形成如图 14 所示的“产、学、研一体化”正反馈循环。

图14 “产、学、研一体化”正反馈循环

结合“红色 1+1”、服务乡村振兴行动计划、大学生创新创业大赛等活动，使学生走进乡村，培养具家国情怀和社会责任感的设计人才。

四、课程基本内容及要求

本课程的基本内容及要求见表 9。

表9 课程基本内容及要求

课程章节	知识点	课程思政教学知识点
第一章 绪论	政策学习： 《北京市城市更新专项规划（北京市“十四五”时期城市更新规划）》 乡村振兴“十四五”规划	教学课程对应国家战略和北京市需求，要求学生了解国家未来之需，了解业态的发展和变化
第二章 理论研究与指导	梁陈规划，城市有机更新理论，乡村振兴战略的理论与实践	学习理论知识，辩证的引导学生立足时代，让学生走近热爱的家国热土，树立正确的艺术观和创作观

续表

课程章节	知识点	课程思政教学知识点
第三章　城市更新与乡村振兴优秀案例分析	北京未来城市设计高精尖创新中心“小空间 大生活——微空间改造系列行动计划”项目，“白塔之光青年旅社”“后海的天空”等旧建筑改造项目，黄河宿集景观级民宿设计，浙江松阳县乡村振兴优秀案例赏析	从实际案例中，学习理解政策引领、社会需求下，如何通过专业设计回应课题，解决问题
第四章　课题研究方法及对应性设计策略研究	课题选择及基址的勘察与调研，课题综合分析，对应性设计策略研究	教授学生解决问题的思维与逻辑，掌握学习与设计方法
第五章　课题设计	设计意向、草案设计研讨，方案深化设计研讨，最终设计方案评审	学习系统完善的设计流程，如何以推导、渐进的方式完成解决问题的完整设计方案及表达方式

五、课程思政教学设计——以“课题设计”为例

（一）教学设计

1. 学情分析

“环艺创新工作营”课程是环境设计系大学四年级学生的实践课程，承接大学一年级创意工作营的学习内容，串联三年的专业学习，是设计与实操类的最后一门实践课程，也是大学本科四年的设计和实践成果的展示。此课程注重实践环节的成果，是室内设计、景观设计、媒体建造三个专业方向联合创作的最佳时机。

本节课程是第五章内容，学生完成了前四章的学习，对课程有了一定的认识，完成了调研任务，设计方案经过两轮的修改，已经具备建造条件，可以到场地进行搭建安装。不同于传统课堂教学，学生需要对建造全过程有清晰的认知，并付诸实际工作。在实操中会遇到很多棘手问题，是就业后很重要的工作内容。同时，在实践中，学生认知也会转变，需要正确的引导。因此，教师不仅要从专业技术、工作态度上对学生给予辅导，更需要在课程思政方面对学生耐心细致地讲解。

2. 教学目标

（1）课程思政目标

响应国家号召，振兴乡村，学生在实践中领略大好河山和风土人情，产生家国情怀；在实际工作中，体会耕耘和收获，切忌好高骛远，要做到脚踏实地；亲身感受新农村的变化，转变刻板印象，切实了解国家政策，对国家产生使命感和归属感。

（2）知识目标

学生能够理解实操工作中整个流程的架构和节点，对建造工艺有一定的认识，对实施方式有一定的认识。

（3）能力目标

学生能够运用所学知识进行实际工作，能够协调施工人员，有一定的组织和领导能力。能够着眼全局，抓住工作中的主要方面，并具备发现问题的能力，对实践中出现的问题有一定的解决能力。

3. 教学重点和难点

①实践中培养解决实际问题的能力，学习协调能力和知识综合运用能力。

②实践问题的解决路径。

4. 教学方法设计

（1）教法设计

以学生为中心，发挥学生的自主创新能力，调动学生的探知心理，增强学习信心，教师作为辅助引导，为学生指明学习路径，答疑解惑，促进学生自主学习。

本节课程教学中采用任务驱动法。以平谷区峪口镇大地艺术节装置建造作为工作内容，教师与学生一起制定工作目标，学生自发完成工作计划的制定、工作内容的梳理、工作时间的设置及现场建造。在工作中始终以学生为核心，在学生掌握技能的基础上，教师为学生提供必要的帮助支持，学生自主完成项目的实施。在必要节点，教师进行评价与反馈，保证最终实施的效果。

（2）学法设计

学生通过小组合作学习。在小组成员间形成开放、包容的学习氛围，使小组成员间相互激励、相互鼓励、相互促进，提高学生的学习效率，培养学生的合作精神，激励学生的学习兴趣，促进学生之间的共同进步。

室内、景观、媒体建造三个专业方向的学生组成小组，促进专业知识融合，集思广益，从不同角度思考问题，配合协作，完成建造工作。

5. 教学过程

（1）展开计划，引入主题

①召开建造说明会，明确建造任务、时间节点、最终成果。

②细化建造计划，明确材料用量、工艺难点、施工安全等内容。

③分小组讨论，汇报每天的建造计划、工艺难点及解决办法。

（2）现场教学，解决难点

①在设计之初，预判建造中出现的技术难点，并指导学生查阅相关资料学习，或由教师亲自示范。

②学生按照建造计划执行，在关键难点问题上，如出现顺利克服的情况，教师应及时给予学生正向反馈；如无法完成，教师应及时就难点问题进行现场教学，现场演示，待学生完全理解并掌握后，再进行评价与监测。

③在建造过程中，教师应时刻关注工作的进展情况，遇到因特殊原因不能完成计划工作的情况，及时告知学生调整建造顺序，同时着手解决特殊情况。

④设计建造并非重复性工作，而是创造性的工作，因此，在工作中会出现很多非常规性状态，例如在建造中发现更好的施工工艺方法或者产生更贴近主题的设计方案，需要中途修改方案，针对此种情况，教师应预设判断机制。首先，评估建造作品的创新程度，新方案是否比原设计方案更能展现设计意图，得到更好视觉效果。其次，评估建造作品的修改幅度，是否能按预期时间完成，是否使用新材料，新材料的购置成本和购置周期能否满足建造预期。针对以上情况，教师引导学生清晰地思考，让学生判断能否进行作品设计方案的变更。

（3）教学案例：洞天的设计与搭建

洞天采用的材料是竹竿和纤维织布，竹竿作为结构支撑，织布构成围合空间。

搭建过程中，学生发现竹竿与地面的固定存在问题。竹竿不能直接放在地面上，竹材的自身重量不足以支撑结构的稳定性，遇到强风时，整体装置会被风吹走，装置需要固定在地面。学生预想的方式是深挖土，将竹竿埋入地下，实验后发现因土质较软，竹竿固定效果不理想。在学生考虑是否需要浇筑竹竿的时候，村民给出了建议：先将竹竿放入挖好的坑里，再用石块沿竹竿周围固定，最后回填，使竹竿固定牢固，见图15。这种办法既减少了水泥浇筑的工艺成本，又不会对场地环境造成破坏。

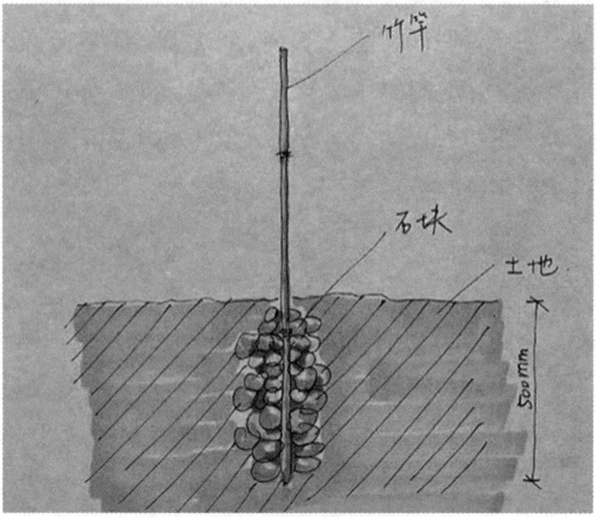

图15　竹竿固定示意图

在采购材料的时候，学生设计方案中竹竿的最长尺寸是4米，实际工作时由于埋入地下一段，导致竹竿的地上高度不足4米，需要将两根竹竿接长后固定，既不美观，也降低了稳定性。一处工艺出现问题，结果具有传导性，导致制作的其他方面出现连锁问题。

在做围合空间时，学生预想的工艺方式是用织布与竹竿围合，用尼龙扎带固定，每间隔一段距离，尼龙扎带穿过织布，捆住织布与竹竿，固定成型。实验后发现，由于缺乏对织布强度的考虑，扎带穿过织布的孔导致织布承受不住拉力而撕裂，竹竿有竹节，织布包裹竹竿时也不能做到平整，外观效果不理想，需考虑新的围合方式。因此，学生将织布边缘用缝纫机扎边，保证边缘平整；在织布上开孔，用金属扣固定在圆孔上，保证开孔位置有一定拉力强度，不会撕裂；再用尼龙扎带固定竹竿与开孔位置，竹竿与织布间保持一定间隙，这样既能保证织布受力均匀，表面平整，又能减少风阻，整体效果达到预期，见图16。

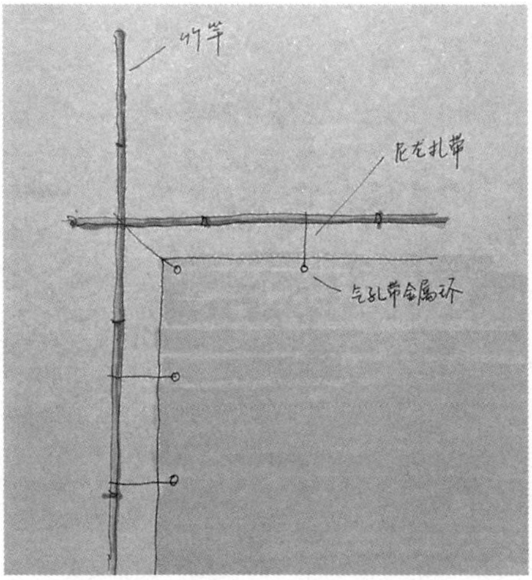

图16　竹竿与织布连接示意图

本节课程动手教学实践要点：工具、材料使用、工艺选择综合能力。

①工具：掌握电动工具的安全使用规范及工具的选择和使用方法，例如在织布打孔环节，会用到打孔的专用机器，教师需要现场指导学生使用打孔工具。使用时需要预先标定位置，在打孔机上放置打孔配件和织布，压紧打孔配件。在打孔中需要对齐标定位置、配件和织布，错位就会形成误差。打孔压紧瞬间，需要一定压力，力量不够，配件不能卡紧也会导致制作失败。

②材料使用：选择材料前预先做好材料性能实验，对于新材料的使用，教师给予咨询帮助，再通过实验确定新材料是否满足需求。学生应做好材料的管理工作，保证材料在工作期间的用量，做好测算工作。例如织布的材料运用上，预先不了解材料的力学性能，导致扎带直接固定材料出现织布撕裂的情况，这时要重新评估材料的性能，改进工艺。另外，由于前期材料实验中损失了部分材料，后期只能再去线下采购。

③工艺选择综合能力：面对众多材料和工艺，针对场地和施工条件，选择最适合的工艺，才能在预算有限的情况下，在规定时间内完成制作。在洞天案例中，一开始，织布与建造结构的连接方式是织布直接包裹在竹竿上，如果建造时间和实践设备、场地允许，可以将织布用缝纫的方式与竹竿连接，但是实际搭建中不具备条件，这时综合考虑现场条件，采用了织布打气孔、金属圈加固、尼龙扎带捆绑的方式，既符合现场条件，又达到了预期效果。建造效果见图 17。

图17　建造效果

（4）及时反馈，梳理进度

①在每个时间节点的建造工作完成后，由学生做阶段性汇报工作，包括是否按进度完成建造工作，如遇问题，是由什么情况引起的，是否能解决，拟定的解决途径等，由指导教师判断，并给出解决方案。

②制订建造期间的工作制度，早、晚利用空闲时间开展每日工作内容的梳理，及时总结建造工作中出现的问题，并在每日例会中汇总，避免重复犯错。

（5）建造完成，总结工作

在建造工作完成后，将建造场地未使用的材料、杂物和工具进行收纳整理，对建造过程进行梳理，对已建造完成的作品重新绘制图纸，拍摄过程资料，总结关键节点的工作内容，形成实践报告或汇报PPT，要求学生对工作的内容和工作过程提出个人感受和想法。

6. 课程作业及课程收获

学生进行实地建造工作，真切体会工作创造未来的意义，在大学四年级的关键节点，为学生今后的发展指明了方向，同时，学生感受从消费者到生产者的转变，体会劳动的含义，突出“五育并举”的现实意义。学生通过双手创造美好，产生对美好生活的向往，树立正确的世界观，感恩祖国，实现课程思政的深层教育意义。

通过建造的过程，学生在获得专业知识基础上积累实践经验，将设计方案落地，体验了设计全过程，加深了对设计工作的认知，明白了设计与实施之间的关系，考虑问题更全面，进而在今后的设计工作中，逐渐培养从实际出发的设计思维，增强实践工作能力，实现高校教学与社会实践的无缝对接。

（二）教学实践

课程思政教学整体设计中，教学内容、教学方法、教学过程，在前文中都有所表述。就课程思政教学如何具体落实和开展这一问题，在环境设计专业课程设计中，需要授课教师做好大量的前期准备工作。

1. 环境设计"环艺创新工作营"课程选题方面的考虑

在"城市更新""乡村振兴"等政策的背景下，"环艺创新工作营"课程选题一定具有专业领域发展的前瞻性和大建设发展中专业领域问题的代表性与聚焦性，为学生未来走入社会、进入专业领域进行社会服务做好前期的教学实践工作，为未来建立契合的课程端口。

2. 课题实训要考虑教学成果的可行性、落地性和实效性

本课程安排在大学第四学年的上半学期，距离毕业时间很短，除了在选题上的考量，教师在教学成果的可行性、落地性和实效性也做了非常深入的考虑和大量的前期准备。比如在实地勘察和研讨上的工作方法教授，在问题研究与对应性设计措施的探讨上，无论从深度与广度，都较通常课程深入，并且在设计成果最终呈现的环节中，更为强调和强化成果的落地性与实效性。比如往年的课程以"科技农业 + 艺术"为题，以艺术设计助力乡村建设，策划打造北京市平谷区峪口镇"大地艺术节"，并以实际设计方案的最终完成和落地作为最终目标。本课程的实践中，由学校师生组成的教学设计团队对应地方需求，提供智力性的设计服务，完成由设计构想到设计深化，再到落地实施的闭环型教学流程，发挥出真正、真实的设计效应和社会效应。本课程非常具有实践意义，并且希望能为教学探索带来新的教学方法和思路。

以此次课程实践教学为原点，继续探索和深化发挥更大社会效应和教学效应的可持续性协作，扩展教学与社会各端口的相互支撑各关联，将此课程的课程思政教学工作做得更好、更扎实。

（三）教学反思

环境设计教师团队荣获 2019 年度"北京高校优秀本科育人团队"，专业软科排名第八，国家一流专业建设点在建。每位教师对所承担的课程都有非常严谨与深刻的教学构想，如何在教学中贯彻"课程思政""立德树人""三全育

人”等教学思想，如何将教育教学、学习成效、教学成果与未来社会需求关联、接轨，顺应国家战略，如何将实践教学回应国家“城市更新”和“乡村振兴”战略，用设计教学和人才培养反哺社会需求，用思政带动设计教学，使学生在学习实践过程中理解国情，认识民生，培养设计师的责任感和家国情怀，是环境设计专业每一位教师进行教学反思的内容。

“数字化建造基础”课程思政教学设计

——以菱花口木盘的设计实践为例

完成人：黄志义　审核人：车飞

一、课程基本情况

课程名称：数字化建造基础

授课对象：数字媒体艺术专业大学三年级学生

课程性质：专业课

二、课程简介

本课程以中国传统纹饰为支点，结合课程规划安排，以菱花口木盘的数字化实践研究作为课程主题。把数字化建造理念融入木制品设计教学过程中，培养学生用数字化建造思维解决设计中的问题；通过对中国传统器物中花瓣口纹样的研究，梳理花瓣口纹样的发展脉络，用木质材料通过数字化建造方法对菱花口小碟进行再创作，推动学生形成较为成熟可行的数字化设计实践方案。

本课程教学中所用参考书为陈丹、李忻主编的《电脑雕刻精编教程》。

三、课程教学目标

（一）思政目标

以菱花口木盘的设计实践为主题，梳理中国传统花口纹饰的发展历程，重点分析菱花口纹样的形成过程，菱花口纹样在中国古代造物中的应用领域，及菱花口纹样形态的变化历程。

（二）教学目标

①通过对葵花口木盘的实践研究，了解中国古代花口器物的发展历程，理解葵花口纹样的来源，通过对史料的分析研究，能够较好地利用花口纹样进行再创作。

②通过葵花口木盘的实践研究，把数字化建造理念引入设计实践过程中。通过从图纸绘制到机加工全过程的技术分析，掌握基础的数控加工方法思路。同时通过对木盘的打磨涂饰，使学生了解简单的后处理实践方法。

四、课程基本内容及要求

本课程的基本内容及要求见表10。

表10　课程基本内容及要求

课程章节	知识点	课程思政教学知识点
绪论	花口纹饰	中国传统造物文化
葵花口纹样	纹样发展历程	葵花口纹样的应用研究
葵花口纹样的绘制	制图	通过绘制图纸的形式再现葵花口纹样，深入理解纹样细节
盘口尺寸设计	设计优化	基于木质材料属性，研究确定葵花口小碟的造型细节
产品定型	方案输出	以葵花口纹样为基础，制作符合设计需求的木盘

五、课程思政教学设计

（一）教学设计理念

1. 工艺难度适中，符合教学进度安排

葵花口木盘的制作从技术的角度而言较为简单，适合作为数字化建造入门课程。通过研究实物的制作方式，把数字化建造技术融入设计创作过程中，通过实践完成技术的传递。

2. 中国造物文化输出，激发设计灵感

葵花口纹饰属于中国传统纹饰的一部分，本课程以葵花口纹饰为出发点，对中国传统造物过程中花口纹饰的应用进行研究，梳理花口纹饰的发展脉络。

通过花口纹饰的理论研究带动学生感受中国传统文化，激发学生学习兴趣，推动花口纹饰的再创作。

（二）教学内容

将菱花口木盘的实践研究作为课程主题，把数字化建造理念融入木制品设计教学过程中。本课程分为理论教学和设计实践两大部分。理论教学部分对中国传统器物中花瓣口装饰纹样的研究分析，梳理花瓣口纹样的发展脉络，同时初步规划木质的制作技术路线，做好安全教育，为设计实践做好铺垫。设计实践部分用木质材料对菱花口小碟进行再创作，推动学生形成较为成熟可行的数字化设计实践方法。

1. 理论教学

①花口纹饰的发展历程：花口纹饰的起源、花口纹饰的发展史、花口纹样的样式类型、葵花口纹饰的样式考。

②制作菱花口木盘的技术路线：设计制图、工艺设计。

2. 设计实践

设计实践部分包括：机加工、设计优化、定型加工、后处理。

（三）课程思政教学创新点

本课程以器载道，将中国传统造物文化融入课程教学过程中，结合课程安排，提炼出代表性的花口纹样元素，运用数字化建造的方法，通过设计实践，有效地践行了“知行合一”的教学理念，引导学生关注中国传统文化，掌握数字化建造技术的基础知识。

（四）思政元素分析

花口器型是对自然花卉形态的高度概括和提炼，将自然的形态经过艺术的加工融入造型中。夏、商、西周时期出现了人形足莲瓣纹青铜灯，春秋时期发现莲瓣彩绘陶豆。夏、商、西周时期的人形足莲瓣纹青铜灯和春秋时期的莲瓣彩绘陶豆的花瓣部位也在口沿处，它的花瓣位于口沿之上，并未结合在一起；青铜灯的底足是三个跪着的人形足，其宗教和祭祀意味非常明显。立体莲瓣造型的文物在东周时期较为流行，在郑国故地出现较多。

南北朝时期开始，儒家思想的阴阳五行观念开始消落，佛教文化融入。中国早期本土莲纹结合印度佛教莲纹，形成了南北朝时期的莲瓣纹。田自秉老师在《中国工艺美术史》中提到：“汉代六朝时期多模拟动物，如羊形灯、熊形足、蛙形水盂、兽形虎子等。唐朝则向植物发展，仿制成瓜形、花形。如壶体做成瓜棱，盘和碗作成花瓣形等。”花瓣口器物自唐代出现后一直兴盛不衰，影响深远，五代、宋、辽、金、元乃至明清时期仍有大量菱花形或葵花形口沿的器物。与唐代不同的是，它们的器身和圈足的形制已经慢慢脱离了金银器的影子，只有花瓣口的造型延续了下来，并且不再拘泥于固定的瓣数限制，造型多种多样。

通过对纹样发展历程分析，使学生增强文化自信。

（五）教学设计

基于课时安排，课程分为花口纹饰研究、设计工艺概述、图纸绘制、数控加工和后处理加工五个部分。

第一部分：以菱花口木盘的实践研究为课程主题。从花口纹饰的发展历程开始，通过对史料的分析研究，将花口纹饰在中国造物文化中的应用进行梳理，明确葵花口纹饰的来源，以及葵花口纹饰的造型特征。

第二部分：从数字化建造教学方案入手，积极探索实验室数控加工课程方案内容生产化、实用化的新方法。通过课程将数控加工技术引入实践过程中，做好理论知识铺垫，让学生初步了解数控加工的技术路线。根据课程需要选择合适的数控加工教学方法，为下一步的实践操作做好充分准备。

第三部分：通过绘图软件将葵花口纹饰进行复原，选定木盘作为创作方向，基于设计目标对葵花口纹饰进行一定程度的优化，使最终的图纸可以应用于创作实践。

第四部分：以优化好的设计稿为基础，通过一定的格式转换导入数控加工软件过程中，由数控加工软件制定数控加工程序。

第五部分：数控加工程序制作完成之后，利用选定好的木质材料上机操作，通过反复实践对加工程序进行优化，最终形成较为满意的设计方案。基于设计方案，完成木盘的加工，经过后续的打磨修饰完成创作过程。

课程应用的教学方法包括：讲授法、演示法、练习法。

（六）教学效果评价

1. 知识传授

①史论研究：通过对菱花口木盘的实践研究，学生了解中国古代花口器物的发展历程，理解葵花口纹样的形态及来源。

②数字化建造技术：通过葵花口木盘的实践研究，把数字化建造理念引入设计实践过程中。

2. 能力培养

①通过对史料的分析研究，学生能够较好地利用葵花口纹样进行再创作。

②通过从图纸绘制到机加工全过程的技术分析，学生掌握基础的数控加工方法思路。同时通过对木盘的打磨涂饰，学生了解简单的后处理实践方法。

3. 价值塑造

激发学习动机，调动学生学习主动性，由浅入深推动学生从被动学习到主动研究。

（七）教学反思

基于现有的教学经验对数字化建造课程的系统性规划，合理调整各个环节的难易程度，稳步地推动设计实践的落实。如“数字化建造基础”课程转为在线教学，必须进一步优化课程结构，思考如何通过在线的形式实现预期效果，让学生在这门课收获更多。

中国故事的视觉化叙事

完成人：李若岩　审核人：车飞

一、课程基本情况

课程名称：故事板设计

授课对象：动画专业大学一年级学生

课程性质：专业课

二、课程简介

“故事板设计”课程是北京服装学院国家级一流本科专业建设点动画专业的核心主干课程，也是全国动画专业的核心必修课程。从早期引进、学习西方故事板创作方法和原则，转而提出符合中国叙事的故事板设计理论，借助北京服装学院设计学学科优势，探索当代动画和数字影像中视觉化叙事设计方法论，由模仿制作走向研究创新。以设计目标为导向，在课程中设置了 4 个工作营项目，包括建立故事的流程、新角色的登场、多维信息展现某一目标、视觉化“戏剧情节”。与粗放型作业模式不同，工作营项目采用刻意练习的形式，设计一系列的小任务让学生按顺序完成。这些被分解的项目各有训练目的，学生刚好不会做，又能够通过努力在规定期限内完成。

信息传达是本课程学习的核心。实践证明，学生通过观察、调查、设计研究等设计学学习活动，经历了从注重绘画形式和表现技法到探索和实现设计目标的过程。例如，故事板画面如何设计视觉元素以表现温馨的家，而不是简单地画一套住宅。

学生能够在学习过程中持续获得有效的反馈。教师最重要的作用是提供即时的反馈，因此，为了使教师能够有的放矢地指出学生创作中的错误，在课程实践中针对每一个项目都提出了具体的设计要求。同时，作业讲评也设计在课堂教学环节中，学生能够随时了解练习结果。

三、课程教学目标

（一）思政目标

故事板设计作为动画创作的核心任务，主要是围绕如何满足人民群众在文化娱乐等美好生活需要上开展的设计实践，动画专业师生必须具备将理论知识转化为实际作品的能力。任课教师在课程中设置了 4 个工作营项目，包括建立故事的流程、新角色的登场、多维信息展现某一目标、视觉化“戏剧情节”，坚持以人民为中心的设计方向，有效地促进思政教学和专业实践教学良好配合，充分发挥“三全育人”功能。以人民为中心，就是要把满足人民日益增长的美好生活需要作为实践教学环节的根本点和宗旨，将人民作为设计服务的目标，以人民的反馈和评价作为衡量作品质量的基本标准，打破陈腔滥调和程式化的设计实践。设计调研要走出教室，深入人民群众，在新时代社会生活中发掘亮点，把握人民群众实际需求；故事板设计内容要讲好中国故事，传播中国价值，体现创新精神；美术风格和设计表达要创新运用人民群众喜闻乐见的中国艺术元素进行设计创造，增强全体中国人和全世界华人的民族自信心和民族自豪感。

（二）教学目标

通过跨学科方法构建故事视觉化表达的新观念和新方法，为学生动画创作和教学实践进一步导入充沛的先进科技力，激发自由想象力，探索信息时代内容生产的核心竞争力，强化课程特色优势，为一流专业建设提供基础支持。学生在创作课程作业的基础上，深入调研的课题《北京皮影戏的文化传承与时尚化价值开发研究》成功获批 2021 年国家级大学生创新创业训练计划项目（项目经费 1 万元）。该课题探索传统皮影戏在当下文化语境中的传承与发展。通过东西方艺术比较研究，发现以塞尚为代表的西方现代艺术家关于“基本几何体建构”“多视角观看方法”等创作理念，与皮影戏几何建构造型特征、多点透视法不谋而合，追求超越物象的文化和精神层面的深意是我们应继承的文化个性。本课题的成果是创作符合当代青年人审美趋向的动画短片，讲好中国故事，做好主流价值的时尚引领，呈现出独具魅力的文化张力、艺术特质和美学品格。团队成员具备良好的人文科学素养和社会责任感，专业知识扎实，观念开放，作为具备创新性和行动力的影像和动画艺术学生，力图在时尚产业、动画产业和相关交叉领域有所作为，勇于尝试。在教师的指导下，学生通过课程学习、课题实践、理论探究来探索影像动画设计创作的方法和相关理论，并且深入了解时尚相关领域的前沿发展趋势。通过挖掘北京皮影戏的时尚化价值，重新赋予它新的生命力。

四、课程基本内容及要求

本课程基本内容及要求见表 11。

表11　课程基本内容及要求

课程章节	知识点	课程思政教学知识点
第一章　绪论（故事板是什么？）	故事板的起源	从早期引进、学习西方故事板创作方法和原则，转而提出符合中国叙事的故事板设计理论
第二章　故事板创作的核心	视觉化叙事	中国故事的特点，以及如何更好地传播中国故事（视觉化叙事方法）
第三章　故事版设计之前	美术概念设计和造型设计	美术风格和设计表达要创新运用人民群众喜闻乐见的中国艺术元素进行设计创造，增强全体中国人和全世界华人的民族自信心和民族自豪感
第四章　故事板中的视觉元素	信息设计	学生通过观察、调查、设计研究等设计学学习活动，经历了从注重绘画形式和表现技法到探索和实现设计目标的过程
第五章　故事板设计的程序和方法	设计方法	打破常规，探索影像动画设计创作的方法和相关理论

五、课程思政教学设计

“中国故事的视觉化叙事”处于“故事板设计”课程的实践教学环节，要求学生结合国家级大学生创新创业实践计划项目创作一部动画短片的故事板。课程思政教学改革的创新点在于使学生能够深刻理解：追求超越物象的文化和精神层面的深意是我们应继承的文化个性。创作符合当代青年人审美趋向的动画短片，讲好中国故事，做好主流价值的时尚引领，呈现出独具魅力的文化张力、艺术特质和美学品格。

（一）教学设计

设定创作基于北京皮影戏艺术表现形式的新时代故事，在实践教学中引导学生了解中华优秀传统文化，发挥青年创作者的创造力，讲述新时代的中国故事。

由于皮影戏具有非常珍贵的艺术价值和文化价值，联合国教科文组织于2011年将中国的皮影戏列入“人类非物质文化遗产代表作名录”，北京皮影作为中国皮影戏的重要组成，被收录为国家级非物质文化遗产代表性项目。随着现代化进程加速发展，皮影戏在表演空间、演艺人员传承、剧目品种等方面呈现出严重的濒危状态。通过文献研究，近年来皮影戏在剧目编创、皮影造型设计、运用声光电等科技手段表演均有所发展；利用动画、短视频等新的传播方式，具有较强的感染力和亲和力，符合青年人的审美价值取向。2011年美国梦工厂制作的动画电影《功夫熊猫2》融入了中国皮影艺术元素，开场便以皮影戏的形式演绎梦工厂的厂牌动画，其坐在弯月上垂钓的男生logo被皮影化的形式替代，从模拟阴刻艺术风格的桃树上吹落的桃花，随风飘散幻化为乌龟大师，它坐在鱼鳞纹装饰的下弦月上，垂钓镂空雕花的“DREAMWORKS”标志，龙形祥云卷走拉开故事的序幕。在影片的建置阶段，沈王爷童年发现烟火的黑暗面以致被父母驱逐的情节也运用了皮影戏的形式紧扣故事内容，受到国内外观众的广泛喜爱。本课题深入研究皮影戏叙事中镜头语言的独特语法、舞台光影构图信息传达设计、色彩基调对情绪影响等方向，讲好中国故事，做好主流价值的时尚引领，呈现出独具魅力的文化张力、艺术特质和美学品格。

下一代通信网络、物联网、三网融合、新型平板显示、高性能集成电路和以云计算为代表的高端软件等新一代通信技术的革新，催生了动画的新形态，大量运用动画元素和动画表现形式的新领域扩展了动画工作范围，为本教学设计的实施提供了技术保障。学生具备良好的人文科学素养和社会责任感，专业知识扎实，观念开放，作为具备创新性和行动力的影像和新时代大学生，力图在时尚产业、动画产业和相关交叉领域有所作为，勇于尝试。在老师的指导下，通过课程学习、课题实践、理论探究来探索影像动画设计创作的方法和相关理论，并且深入了解时尚相关领域的前沿发展趋势。

（二）教学实践

1. 教学内容

教师带领学生学习皮影戏叙事中镜头语言的独特语法、舞台光影构图信息传达设计、色彩基调对情绪影响等内容，讲好中国故事，做好主流价值的引领，呈现出独具魅力的文化张力、艺术特质和美学品格。

2. 教学方法

应用成熟的计算机软、硬件技术，结合动画专业相关课程的学习，细致入微地模拟皮影造型艺术。

3. 教学过程

①研究国内外现状，进行案例分析，为创作作品提供方法论支撑，撰写设计报告书。

②研究、编创故事脚本，设计角色、场景、道具等造型，根据皮影戏叙事中镜头语言的独特语法设计故事板，创作和合成动画短片。

③舞台光影构图信息传达设计、色彩设计，动画短片的创作和合成

通过挖掘北京皮影戏的时尚化价值，赋予它新的生命力。通过讲好中国故事，让文化遗产活起来。把握古今、中外、前后的关系，立足中国现实，放眼世界，运用国际化思维，充分总结西方的故事讲述方法，找到情感共同点。构建立足东方、融通全球的话语体系，在动画短片中用东、西方观众乐于接受的方式、易于理解的语言，更好地与世界沟通交流，彰显中华文化强大的影响力和感召力。

将北京皮影与现代流行艺术结合，探讨异同。学生已基于对北京皮影及相关曲艺形式的调查研究完成了风格设定、故事脚本及故事板的创作，下一步将继续创作出使传统文化与当代时尚相结合的动画作品。

（三）教学反思

一线教育必须解决好培养什么人、怎样培养人、为谁培养人这个根本问题，必须培养出符合我国社会和国家战略发展需要的、以人民为中心的、可持续发展的动画专业人才。只有一线教师“修身立德”“行为世范”，自己首先坚信社会主义核心价值观，并发自肺腑地讲授，才能引起学生共鸣，让学生共情，才能培养出坚定中国价值和文化立场的、具有全球化视野的优秀动画专业

人才，为中国乃至全人类高品质的文化娱乐生活需求贡献中国智慧、中国方案和中国能量。教育全过程应体现国家意志，课程是解决为谁培养人、培养什么人、怎样培养人这一根本问题的载体，应切实发挥育人功能。

教师应构建包含思政教学目标的课程教学大纲。教师应深入学习课程思政教育教学相关政策文件，理解并发挥思政教育作用，请教思政教育专业教师形成思政教育思维，提炼“故事板设计”课程中能够构建的思政教育内容。将社会主义核心价值观具体化、生动化地融入专业教学各个环节。课程大纲须确立“传道”“授业”“解惑”的全面教育模式，即价值塑造、能力培养、知识传授“三位一体”的教育教学目标。不断优化有思政教育深度、接受意愿强烈的课程教学设计，编写新讲义。在课程教学设计环节，教师应将课程思政教育目标、思想政治教育融入课程教学设计的教学单元中。单元设计除专业知识、专业能力要求外，还需要有明确的思政教育培养目标。学生在创作初期关于将传统艺术和现代时尚结合的风格有些不理解和困惑，通过老师指导和参考相关优秀作品激发出灵感，从两种艺术形式中找到了共通点，通过视觉化设计使画面和谐，完成视觉开发设计。在实践教学环节教师应引导学生对思政教育内容有深刻的体验和认知，通过动手操作达到融会贯通。

动画专业“声音叙事”课程思政教学设计

完成人：王凯翔　审核人：车飞

一、课程基本情况

课程名称：声音叙事

授课对象：动画及相关专业大学二年级学生

课程性质：专业课

二、课程简介

“声音叙事”课程是动画专业设置的专业课程之一，以动画声音设计与应用作为研究对象，讲授声音元素在动画作品叙事过程中的逻辑结构、思考方法、设计理念、心理感知、应用原则、重要性及对于叙事过程中的客观再现性与主观表现性的构思原则、设计及使用方法。注重培养学生的创造性思维，领悟声音的空间无限连续性和时间瞬变性、不同声音元素之间以及声画关系的巧妙设计所创造的视听艺术魅力。

三、课程教学目标

（一）思政目标

将专业知识浸润于中国动画文化脉络中，确立正确价值观及文化自信。

（二）教学目标

将专业知识与思政内容结合讲授，实现“1+1>2”的增效结果。

四、课程基本内容及要求

本课程包括叙事工艺流程（语言、音响、音乐）、从感觉到感知以及相应实践等几个部分的专业知识讲授与实践，引入我国不同时期、不同风格的优秀动画片作为教学案例进行分析，使学生能够读懂经典的中国文化，并且在专业技能实践中认真体会并尝试重现文化经典。在传授专业知识的同时，以文化自信为主题与课程思政引领要求相结合，将专业知识浸润于中国动画文化脉络中，实现专业课程层面的回顾、分析、认同、认知、继承、再创新，并确立正确的价值观，增强文化自信的思政目的。

课程蕴含的思政元素及专业知识点的关系见表 12。

表12　“声音叙事”课程专业知识点与课程思政元素的关系

课程章节	专业知识点	课程思政教学知识点
动画声音设计	动画作品声音设计流程与基本规范	以文化为创作基础，围绕文化开展整体设计，从全局角度，运用辩证思维，按照事物发展规律有序完成
声画叙事关系	动画叙事中声音与画面关系：同步、异步、对位	对中国经典动画作品进行分析，实现对于优秀与经典作品的再认识与再认知，提升文化认知与自信意识
心理声学	听觉与听音，隐喻	使用科学叙事方法，按照客观规律，培养学生认真踏实、勤于思考的精神，增强学生思政素养，使学生继承、创新与发扬优秀文化
混音	根据动画叙事需要对影片人声、音乐、音响进行处理与输出	融入团队、融入作品、融入叙事、感受合作精神、工匠精神、文化魅力与文化保护，贯彻社会主义核心价值观，增强文化自信

五、课程思政教学设计

（一）教学设计

1. 叙事工艺流程

叙事是动画作品的核心，也是课程教学的核心，叙事的基础构建于对剧本的认知，往往包含故事的开始、发展、高潮、结尾等部分。

（1）故事的开始

在声音叙事工艺流程中，故事的开始是一个非常重要的过程。这里可以引入我国早期的一部动画片《铁扇公主》作为案例进行故事开始的分析。我国动画的历史可以追溯到 20 世纪早期，从那时候开始，我国的动画创作就走上了一条与西方完全不同的独立自主的道路，受当时社会环境影响，那个时期的动画创作多以唤醒、救亡、图强等为根本目的。动画片《铁扇公主》上映于 1941 年，当时正处于抗战时期，万籁鸣导演借助孙悟空对牛魔王的斗争过程，隐喻伟大的全民族抗战，并鼓舞全国人民的抗战意志。

（2）故事的发展

故事的发展阶段，是声音叙事过程中引人入胜的必要环节。这里可以引入我国的优秀动画片《雪孩子》作为案例进行故事发展过程的分析。这部影片以妈妈外出，独自在家的小兔觉得无聊，进而堆个雪人作伴而展开，在音乐、音响及少量对话的构建下，雪孩子活了，并且和小兔子建立了深厚的友谊。这个展开的过程既符合角色的心理预期，也符合观众的心理预期，做到了第一情绪与第二情绪的统一，实现了引人入胜的故事发展目的。

（3）故事的高潮

故事的高潮阶段，是声音叙事过程中强化影片表现张力的重要环节。这里可以引入我国优秀动画片《三个和尚》作为案例进行声音塑造故事高潮部分的分析。这部影片的高潮部分是三个和尚因为打水问题，产生了看似不可调和的矛盾之后，由于一只老鼠造成了寺庙的失火，进而奋力合作扑灭了大火。通过这个部分的分析，讲授声音在故事高潮部分的节奏掌控、隐喻的表现以及影片张力加强的作用，通过对案例隐喻的分析，融汇专业知识与思政知识点。

（4）故事的结尾

故事的结尾阶段，是声音叙事过程中进行故事总结及情感升华的重要环节。这里可以引入我国优秀动画片《九色鹿》作为案例进行声音叙事流程故事结尾部分的分析。这部影片的结尾部分是在九色鹿痛斥捕蛇人中开始的，声音层面上以人声为主、音响辅助的方式进行展开与呈现，以驴子的叫声作为对捕蛇人卑劣行径的批判与嘲讽，在《蓬莱是家乡》的鸣唱中升华故事的精神隐喻，并结束整个影片。这个案例是围绕立德树人的思政知识点展开专业教学的。

2. 创造力的延伸

打破传统教学以宣讲为主要手段的模式，改以专题方式进行知识传授，是创造力延伸的一个重要手段。这部分可以以我国优秀动画片《牧笛》的创作过程与理念作为案例来进行分析与讲授。

（1）引入专题

课程思政的专题可以从中外动画艺术的发展历史入手并找到相关主题，结合动画声音表现原理进行专题学习。围绕个人与国家、个人与民族这两个出发点，将专业知识贯穿于心得、手法、认知和内心感受的完整过程中，打开创造力的灵感大门，进而达到激发创造力的目的。常用的方法：首先，从剧本开始想象，结合画面找到故事内在的声音。其次，利用相属关系的统一与脱离，找到微妙或强烈的声音表达元素。再次，利用声画同步或者异步所产生的思维延展效应，找到新的声音表达方式。又次，充分想象角色置身的环境，营造还原生活真实的完整声音过程。最后，充分沉浸在案例中，推动对创作延伸的隐喻性与深刻性的理解。

（2）引入方法

通过对案例中的声音构成的分析与引入，结合画面与故事主旨，从明喻、夸张、隐喻、象征、对比、矛盾等创作目的出发，对案例声音元素进行有机的分类，从而引导学生思维，激发学生创造力。

（3）激发想象力

动画的声音没有同期声，全部来自全新的创作，而想象力是创造性思维的根本，创造性思维又是动画声音创作的源泉。动画《牧笛》中，充满了中国文化特点的画面与故事架构，为声音创作提供了无尽的想象空间。在教学中基于这个想象空间，教师可以打破常规的线性模式，也打破在结构上以时间先后为标准的顺序，从而构建起以内容分类为标准的模块创作模式。

3. 从感觉到感知

感觉与感知是两个不同的概念，感觉是被动的，而感知是主动的，在这个知识点的讲授中可以引入我国优秀动画片《骄傲的将军》作为案例进行分析与讲解。可以将这个影片中的声音元素的作用分为简化模式、因果模式、语义模式及参考模式。并以这四个模式为基本的叙事需求，将课程思政教学以润物细无声的方式在创造力延伸的教学中展开。

（1）简化模式

简化模式是一种相对被动的，并且无主观意识的声音感知过程，这个过程往往应用于动画片中大环境的营造。在动画《骄傲的将军》中，将军得胜而归后的场面营造里，声音元素的使用就是一个典型的简化模式的应用过程。

（2）因果模式

因果模式相对于简化模式来说，是一种具有先后顺序逻辑结构的声音感知过程。这个过程往往应用于动画片中叙事结果揭示的营造中。在动画《骄傲的将军》中，将军因为喝酒过量，天光大亮仍然贪睡不起，一只公鸡鸣叫试图叫醒他，但是没有成功，最后飞到将军抱着的酒坛子上，并将酒坛子啄出声响，随即将军醒来并迁怒于公鸡。这个片段中的声音结构就是一个典型的因果模式。

（3）语义模式

语义模式是通过语言特点进行思维表达与人物刻画的过程。在动画《骄傲的将军》中通过不同的语义表达，刻画出了多种鲜明的人物，这些人物之间的语义表达与因果模式结合之后，观众能够得到更多的隐喻信息。动画中将军手下白鼻幕僚这个人物贯穿整个影片，在动画最开始的部分，他打断别人进而用极尽恭维的语言与阿谀的语气对将军大肆吹捧，这部分对白一出现，一个立体、惯于溜须拍马、好逸恶劳的人物形象就立刻完整地展现出来。这就是语义模式的刻画效果。

（4）参考模式

参考模式是在动画片创作中是一种受上下文影响的，带有暗示效果的声音创作模式，这种模式主要与联想有关。在动画《骄傲的将军》中，先后对将军的武器进行了细致刻画，反复强调了蜘蛛、老鼠等动物破坏武器的画面，到影片后半段，出现结满蜘蛛网的武器与住满老鼠的弓箭包时，再次强调了相关声音元素，从而暗示将军最终的结局。这就是典型的参考模式刻画效果。

（二）教学实践

教学实践围绕民族性、时代性、审美提升来完成。以讲好中国故事为出发点，基于民族文化特点和“中国式”思维，结合民族特点进行创新，将中国优秀的传统文化、革命文化、社会主义先进文化结合到实践中，提升学生在实践过程中的审美能力。

1. 配音实践

仔细分析案例影片，解剖人物时代特征与性格特征，充分理解动画人物配音的特点进行配音实践的前期准备。实践过程可以分为以下五个部分：

①分组对影片进行讨论，对人物进行分析比对。

②分别选择影片中对立的两组人物进行对白分析。

③绘制不同人物对白的情绪起伏线图，作为配音实践时的情绪提示。

④分组进行对立角色的配音录制，并体会人声对于角色塑造的重要作用。

⑤调整录制的声音文件，使其符合动画配音的技术标准。

2. 音响设计制作实践

动画创作中，音响的设计与制作是还原整个动画影片真实生活的重要手段，是影片能够迅速唤醒观众的生活经验认知并建立共情的必要方法。音响的设计和创作并不是简单意义上的、与画面同步的拟音还原，还需要考虑影片本身的视觉风格、表意需求、主题表达等方面，根据不同叙事风格设计制作不同的音响，这其中包括了环境声、动效等多方面的声音元素设计与制作。实践过程可以分为以下四个部分：

①对影片进行音响需求分析，明确设计制作的思路和方向。

②制订拟音计划，准备拟音材料，完成拟音及录制工作，达到动画音响技术标准。

③利用素材库，考虑音响的叙事功能和情绪承接转折功能，选取音响素材。

④完成音响剪辑、加工与制作。

3. 音乐设计实践

为动画影片进行音乐选曲、音乐剪辑及匹配实践，是一个帮助学生提高创作水准的必要过程。音乐设计实践过程可以分为以下五个部分：

①充分理解两部影片的叙事过程，情绪与表意特点，完成选曲工作。

②整理音乐，使其能够实现与影片节奏吻合或者增强影片效果。

③进行音乐剪辑与加工。

④注意音乐对于主题的突出作用。

⑤注意音乐时长的把控。

4. 混音实践

混音是动画声音实践的最后一个工作环节，这个过程需要将前述三个实践过程进行统合，照顾相互关系，更好地完成叙事的工作流程。混音实践过程可以分为以下四个部分：

①动态处理，考虑整个影片的表现需要，设计出符合动态分布的声音方案。

②均衡处理，声音特点的提升、远近方位的创建、听觉风格的建立等方面均需要进行良好的均衡处理。

③混响处理，根据叙事需要，给人声或者音响进行适当的混响处理，以增加听觉层面的等级感或者空间感。

④输出合成。

（三）教学反思

本课程的教学效果良好，达到了由课程思政引领，将专业知识浸润于思政体系的教学目的，得到了学生的认可与支持。由于课时的限制，有些更深入的知识引领目前都是通过与学生在课余时间交流完成，因此，可以适当增加课时或者通过课后实践来补足。

在动画史课程中弘扬和探索中国文化与艺术精神

完成人：王幼怡　审核人：车飞

一、课程基本情况

课程名称：动画影像艺术史

授课对象：动画专业大学二年级学生

课程性质：学科基础课

二、课程简介

本课程是动画专业的学科基础课程，主要介绍世界动画影像艺术的发展历史，使学生掌握和了解动画影像的发明与诞生、主要艺术流派之间的关联与发展历程、各国动画大师对动画艺术的开拓与探索、不同国家地区的动画艺术风格文化、时代文化及技术与动画发展的关系等。要求学生能基本掌握世界动画影像艺术的发展过程，了解动画艺术主要流派的风格及其代表人物的创作历程，理解动画艺术与时代文化之间的关系。

本课程所用教材为段佳主编的《世界动画电影史》。

三、课程教学目标

（一）思政目标

使学生深入了解中国动画艺术的发展历史、动画大师和经典作品。通过深入分析 20 世纪中国动画辉煌艺术成就背后的艺术理念、创作精神和创作过程，使学生更深入地了解中国文化史、艺术史，从博大精深的中国哲学、美学源头思考过去和当下、自我与他人、中国和世界、人类与自然的关联，在作品中弘扬具有中国传统美学和中国文化特色的价值观，树立文化自信，在动画创作中传播文化理念，对当今的动画创作产生启发。

（二）教学目标

使学生深入了解中国动画艺术的诞生过程、发展历史和主要代表人物、经典作品。如深入研究中国动画大师万氏兄弟和他们的代表作品《铁扇公主》《大闹天宫》等的创作过程和艺术理念。深入了解“中国学派”动画的众多代表作品、诸多中国动画大师的创作理念和创作精神。思考和研究前辈艺术家如何从博大精深的中国哲学、文化、历史、绘画艺术、民间艺术等美学资源中寻找创作灵感，从而激发自己的创作灵感，在动画创作中更好地弘扬具有中国传统美学和中国文化特色的价值观，创作出具有中国智慧与美学的优秀动画作品，更好地传播中华文化。

四、课程基本内容及要求

本课程的基本内容及要求见表 13。

表13　课程基本内容及要求

课程章节	知识点	课程思政教学知识点
第一章　动画的发明与早期探索	①动画和运动影像的历史渊源及原理 ②早期美国、欧洲、中国等国对动画的探索	中国早期动画的探索：始于 20 世纪 20 年代，代表人物：杨左匋，万氏兄弟（万籁鸣、万古蟾、万超尘、万涤寰）等，万氏兄弟制作了亚洲第一部动画长片《铁扇公主》
第二章　20 世纪 20—70 年代的美国动画	①迪士尼动画的艺术特点 ②其他美国动画公司（如 UPA 等）对世界动画的影响	各国动画之间的相互影响：弗莱舍兄弟的动画对万氏兄弟的影响
第三章　加拿大现象	①加拿大国家电影局（NFB）的诞生及其对动画艺术革新的贡献 ②诺曼·麦克拉伦等动画大师	加拿大国家电影局立足本国文化，通过动画、纪录片等形式宣传本国独特的文化风俗

续表

课程章节	知识点	课程思政教学知识点
第四章　西欧——独立动画之路	①西欧动画独特的艺术风格和艺术视野 ②英国动画大师、法国动画大师、其他西欧动画大师及其代表作 ③欧洲的独立动画电影节和欧洲动画文化	欧洲多元的艺术动画风格对动画创新的启示
第五章　东欧动画	①俄罗斯、捷克、波兰等国的动画历史 ②前南斯拉夫"萨格勒布学派"的诞生及动画作品 ③杨·史云梅耶的实验动画 ④杰出的俄罗斯动画艺术	富于寓意、深刻的东欧动画作品对世界动画的影响；20 世纪 80 年代中国动画在国际动画节中的文化艺术交流
第六章　奋起的中国动画	①中国动画的发展历史 ②中国学派的黄金年代 ③中国动画的独特艺术风格 ④港台动画作品	①万氏兄弟与早期动画的发展 ②亚洲第一部动画长片《铁扇公主》的创作过程 ③万氏兄弟研究 ④《大闹天宫》的创作过程 ⑤张光宇的艺术创作研究 ⑥ 20 世纪 50—80 年代中国动画创作研究 ⑦中国动画大师系列研究：特伟、王树忱、严定宪、阿达、钱运达、林文肖、胡进庆等
第七章　日本动画	①日本动画发展历程 ②代表性人物：手冢治虫、宫崎骏、高田勋和吉卜力工作室、大友克洋、押井守、今敏等 ③日本的动漫文化背景	中国动画《铁扇公主》对日本动画大师手冢治虫的影响；20 世纪 80 年代的中日动画、电影文化交流
第八章　新媒体时代动画发展的多重可能性	广告、宣传片、展演、戏剧多媒体、教育、信息视觉化、动画纪录片等	了解和研究中国历史文化、哲学、美学，从传统文化和当代生活中寻找创作灵感，运用丰富多样的动画艺术形式表现中国文化和艺术精神，讲好当代中国故事

五、课程思政教学设计

（一）教学设计

阐明课程思政教学的总体理念和思路，结合课程内容有机融入思想政治教育的总体教学设计。

第六章：奋起的中国动画是“动画影像艺术史”课程的重点核心内容，也是课程思政教学的重中之重。本章主要介绍中国动画的发展历史，包括早期以万氏兄弟为代表的中国动画人的探索、亚洲第一部动画长片《铁扇公主》的诞生、20 世纪 50—60 年代中国动画寻找自身独特风格的探索、20 世纪 70—80 年代“中国学派”的黄金年代、万籁鸣、张光宇、特伟、严定宪、阿达等中国动画大师研究、中国动画的独特艺术风格探索等内容。

在知识传授方面，希望通过课堂教学使学生了解中国动画的发展历程、重要的代表作品、动画大师等。

在能力培养方面，让学生了解中国动画艺术曾经取得的辉煌成就；学习前辈艺术家对动画艺术大胆探索、认真钻研的创作精神；学习前辈艺术家的爱国热忱和从传统文化艺术中吸取灵感的创作方法；了解中国动画独特的艺术美学风格。

在价值塑造方面，希望学生通过课程学习了解中国动画曾经取得的辉煌成就，“中国学派”动画体现了独特的中国文化美学风格，在世界动画史上具有重要的地位；向前辈学习，研究中国悠久的历史文化、学习哲学、绘画、民间艺术、诗歌、文学等中国传统文化，从传统文化中吸取创作灵感；关注当下的生活和中国故事，通过艺术作品弘扬中国文化、美学和价值观，增强文化自信，向世界传播中华文化和美学。

（二）教学实践

以第六章第四节动画电影《大闹天宫》的艺术成就教学实践为例。采用的教学方法包括：课前观片、学生查阅相关资料、课堂讲授、影片分析、课堂讨论等。

1. 课前准备和预习

课前准备和预习阶段，学生要观看《大闹天宫》全片，了解相关资料，并做观片笔记；查阅关于动画片导演万籁鸣的资料，如阅读书籍《万籁鸣研究》

（李保传著）、《我与孙悟空》（万籁鸣著）等。

2. 课堂教学

课堂教学包括以下六部分：

（1）《大闹天宫》简介

《大闹天宫》创作于 1961—1964 年，导演为万籁鸣、唐澄；美术设计为张光宇（漫画家，装饰画家，中国现代艺术设计的开创者之一）、张正宇、严定宪等。

《大闹天宫》是中国动画的经典名作，改编自文学名著《西游记》，塑造了一个敢做敢当、机智乐观、大胆反抗天威神权的美猴王孙悟空的形象。美术设计富有民族特色，吸取了民间木刻、剪纸、明代画家陈宏绶的绘画、戏曲造型、古代建筑、壁画、工艺美术等诸多中国传统文化艺术精华。特别是角色设计非常出色。动作设计结合了中国传统戏曲、舞蹈的表演动作，极富民族风格。《大闹天宫》奠定了中国动画民族化风格的基础，是中国动画史乃至世界动画史上的里程碑之作。

（2）导演万籁鸣研究

万籁鸣是中国动画的开创者和集大成者。万籁鸣和他的三个弟弟（万古蟾、万超尘、万涤寰）被称为万氏兄弟，他们在 20 世纪 20 年代自发研究动画的原理，创作了诸多动画短片，包括亚洲第一部动画长片《铁扇公主》，是中国动画的奠基人。新中国成立后，万籁鸣创作了《大闹天宫》等经典动画作品，万古蟾吸取民间艺术，开创了剪纸动画片类型，创作了《渔童》《人参娃娃》等经典动画作品。万氏兄弟对动画和艺术的一生热爱、他们克服各种困难和勇于探索创新的精神非常值得我们学习。本部分从以下四个方面展开：

①介绍万籁鸣和万古蟾等兄弟的童年经历（播放万氏兄弟的纪录片片段）。

②青年时期，万籁鸣在上海商务印书馆美术部画广告画、绘制插图，并开始试制动画片。万氏兄弟还为电影做动画特技镜头。抗日战争爆发后，万氏兄弟创作《抗战歌辑》等系列动画作品，鼓舞群众抗日。同时期也创作了很多漫画作品。

③ 1940 年，开始创作动画长片《铁扇公主》，这是中国也是亚洲的第一部动画长片，上映后在国内和国外都大受欢迎。影片故事情节曲折精彩，角色性格鲜明，在角色造型和背景绘制上借鉴了很多中国传统绘画的技法，开创了中

国动画片借鉴传统艺术的先河。课堂上进行《铁扇公主》精彩片段赏析。

④新中国成立后，万籁鸣决心把《大闹天宫》拍成动画片。他对原著进行了一些改编，使孙悟空勇敢机智、顽强不屈的性格得到了更鲜明的体现。影片请了张光宇等艺术大师完成角色设计和美术设计，选取了更适合动画表现的情节，运用动画特有的艺术手法表现了孙悟空的百变神通、大战天兵天将等精彩段落。整部影片从各个方面都洋溢着民族精神和民族艺术之美，成为中国动画的巅峰之作，并在世界范围内广受好评。课堂上进行《大闹天宫》精彩片段赏析，观看主创纪录片、访谈。

万籁鸣提出，中国动画要走民族化道路，动画的民族化是中华民族的历史文化传统和社会生活在影片创作中的具体反映。在动画作品的题材内容和美术形式上都要进行民族化的思考，这为中国动画的民族化探索开辟了道路。也对当下的动画创作深有启发。

（3）美术设计

《大闹天宫》的角色设计由工艺美术大师、漫画家张光宇创作完成，场景设计由张正宇完成。本部分从以下四个方面展开：

①介绍张光宇。张光宇在中国工艺美术、漫画的发展历程中是一位重要的人物。他在艺术设计方面涉猎颇广，在 20 世纪 20—30 年代从事美术出版业，创办《时代画报》《时代漫画》等，是中国重要的漫画大师。他的作品针对现实，在美术方面体现了中西融合的特点，有着独特的艺术风格和创新性。

②张光宇创造了著名漫画作品《西游漫记》（1945 年），借助唐僧师徒取经之路的故事讽刺了当时国民党政府的黑暗腐败，充满想象力和创造力。其中塑造的唐僧、孙悟空等形象让万籁鸣印象深刻。后来万籁鸣在创作《大闹天宫》时邀请了张光宇来完成角色设计工作。

③《大闹天宫》的角色设计吸取了京剧等中国传统戏曲中的人物造型和脸谱艺术，也吸取了年画等民间艺术的造型和美术风格，《大闹天宫》的角色设计至今令后人无法超越。

④场景设计由张光宇之弟张正宇完成。他借鉴了中国的青绿山水和界画，加入了透视感；参考了佛寺、道观建筑和山西永乐宫、北京法海寺壁画等。

（4）动作设计

本部分从以下三个方面展开：

①观摩武术家、京剧武打、戏曲演员表演。

②四大天王如何运用琵琶、仙女的动作等都是原画师发明想象出的，参考了云南歌舞团的表演、敦煌飞天形象等。

③动画借鉴了富有中国文化特色的民族舞蹈、戏曲式的动画运动规律。

（5）声音和音乐设计

主要融合了昆曲、京剧和广东粤剧的传统戏曲音乐风格并加以创作，以民族乐器为主。

（6）《大闹天宫》在世界范围内取得的艺术成就

《大闹天宫》的诞生标志着中国动画民族化在剧作、造型、音乐、表演等各方面的成熟。该片已在44个国家发行放映，并在世界范围内获得了广泛好评，给很多外国观众留下了深刻的印象，使他们了解了中国动画独特的艺术风格。《大闹天宫》获得捷克斯洛伐克第十三届卡罗维发利国际电影节特别奖，英国伦敦国际电影节年度杰出电影奖等。

3. 课堂讨论环节

引导学生思考：《大闹天宫》和它的创作过程给你怎样的启发？它的美术设计、动画原画设计、音乐设计等呈现了怎样的艺术特点？万籁鸣、张光宇等前辈的创作精神给你怎样的启发？

4. 课程思政总结

在教学的每个环节和内容中，都体现着《大闹天宫》最主要的艺术特色，即对动画民族化风格探索的实践。主创在创作初始阶段，就决定走出一条与西方动画不同的道路。他们通过美术设计、动作设计、音乐设计等多方面进行民族化风格的探索。这部作品的成功也正源于它的这种突出的民族化动画风格。通过这部作品，万籁鸣也逐步形成了他的动画艺术观："动画走民族化道路是关系到我国动画艺术是否能跻身于世界动画之林的大问题。"《大闹天宫》的诞生也标志着中国动画民族化在剧作、造型、音乐、表演等各方面的成熟。同时，这些动画前辈对传统文化艺术的深厚理解、对动画的执着热爱和不断创新的精神也非常值得当代动画人学习。动画人要从博大精深的中国文化中去寻找创作灵感，吸取丰富的民族艺术元素，表现中国人对生活的理解和对世界的哲学思考。

（三）教学反思

通过课程，许多同学对经典动画《大闹天宫》有了更深入的了解和认识，也进一步了解了动画大师万籁鸣、张光宇等前辈艺术家的创作经历和人生经历，对中国动画的发展历史有了更深入的认识。他们为中国动画曾经的辉煌历史和经典作品而感到自豪，对传统文化艺术也有了更深入的理解。

弘扬传统文化精神不仅是改编神话故事或者在美术上采用一些传统艺术的元素，更重要的是要有好的剧本。随着近年来国潮文化的兴起，人们对传统文化和历史越来越有兴趣，这是一个好趋势，但对中国历史、文化艺术、哲学还需要更深入的学习和更广泛的了解。除了观摩动画作品，阅读是一个非常重要的学习方式。教师要给学生推荐一些动画史和介绍传统文化方面的书籍及相关纪录片等，以使学生更深入地了解中国文化与艺术美学。

本土文化融入与传承

完成人：王江涛　审核人：车飞

一、课程基本情况

课程名称：信息图形

授课对象：大学二年级学生

课程性质：专业核心课

二、课程简介

“信息图形”课程是一门专注于培养学生信息设计能力的课程。通过本课程，学生将学习如何将抽象的内容转化为具有视觉吸引力的图形样式。通过训练，学生可以更好地理解对象，抓取事物本质。

课程分三个阶段。阶段一引导学生系统地学习信息图形的基本概念、设计原则与技巧，了解简洁性、清晰性与一致性等设计原则，帮助学生有效感知“信息图形”。阶段二结合案例分析与课题讨论，帮助学生理解如何利用设计的基本要素与技巧来增强“语义”的表达。阶段三基于“在地性”的思考，指导学生进行语境的建构训练。

2021 年，“信息图形”课程获批北京市一流本科课程（重点）。

三、课程教学目标

（一）教学目标

课程旨在使学生具备对信息精准表达、对复杂情境进行清晰叙事的能力。并通过结合本土性的实践，激发学生独立思考、通过创新方式解决复杂问题的能力。通过课程训练，使学生掌握信息图形的基本概念、设计原则与技巧，培养其分析和解决实际信息设计问题的能力。通过案例分析与课题讨论，学生将理解如何利用设计的基本要素与技巧来增强信息的“语义”表达。

（二）思政目标

期望学生在信息设计思维培养过程中，融入对本土文化的敬意与传承。理解问题的复杂性、提升语义表达的深度、融入本土文化的挑战，通过对在复杂情境下进行清晰叙事能力的培养，在本土文化的实践中激发学生独立思考和解决问题的能力。

四、课程基本内容及要求

本课程的基本内容及要求见表 14。

表14　课程基本内容及要求

课程章节	知识点	课程思政教学知识点
第一章　语义	单个图形的表意	以文化符号（如“花旦”“故宫”“长城”等具有典型文化属性的对象）为例，进行知识点的训练
第二章　理解关系	启发学生经由设计解读与元素分析，理解形式语言的构建逻辑，获得概念视觉化的体验	以“社会热点”为例，引导学生关注时事，并通过专业的思维、表现手段进行客观转述
第三章　语境建构	结合具体媒介及使用情境，对内容进行可视化的呈现	结合个人的成长经历，将自身所熟知的“文化现象 / 对象”等，基于线性的阅读体验进行图形符号的结构化设计，以加强对所处文化更深层次的理解

五、课程思政教学设计

（一）教学设计

为确保课程设计的有效性，首先，教师明确了授课对象及其所处的学习阶段，并采取了多样化的策略，以确保学生能够广泛接触各类知识。其次，与高年级课程的穿插关系不同，本课程强调课程之间的相对独立性。但通过各门课程的授课阶段安排，使主干课程（信息图形）的内容可以在支线课的教学实践中进行细化与内容拓展。

本课程强调以下几点：一是图形思维能力，学生需掌握某一学科背景下的思维方法，并通过不断练习熟知这些“思维工具”，从而具备较为系统的专业性思维。二是跨媒介思考的能力，即多模态的语义建构思维。三是基于中华传统文化进行的课程创作，以更全面的方式培养学生对本土文化的多元理解。结合学生的经验，进行专业性的语境建构能力培养。

（二）教学实践

设计的原动力、价值观是本课程思政教学的出发点。重在理解系统、组织和规模。看到一个物体，不要想到这个物体本身，而是要想到这个物体背后生产它的整个系统。事实上，用什么方式去沟通并不重要，平面设计、摄影、行为都可以作为沟通的方式，学生可以从信息图形设计开始，明白沟通的目的和本质。

课程以传统文化为内容依托，在不同阶段由浅入深导入训练。课程的第一阶段，以文化符号（如“花旦”“故宫”等）为题，进行文化象形图形的绘制，以便培养学生的抽象、概括能力。课程第二阶段，则以“社会热点”为题，学生可以结合专业能力训练，对时事进行分析、讨论的同时，着重培养对于复杂情境进行清晰叙事的能力。进入第三阶段，结合课程知识要点，以“本土文化”为媒进行课程创作，以更全面的方式培养学生对本土文化的多元理解，以更具专业性的表现方式进行语境建构能力的培养。

（三）教学反思

1. 教学总结

阶段一：增加测试环节，以检验学生对于知识点的掌握情况。第一阶段的学习要点，不仅包含了课程的培养核心，也为后续阶段的学习提供训练基础。因此，学生在这一时期的学习情况尤为重要。

阶段二：以小组的方式展开课题训练，并记录训练过程。此阶段的考察区别于以往课程在最后一阶段的测试检验，一是为了培养学生的团队协作力；二是专注于过程，而非结果；三是获取最真实的反馈。以此来评估训练内容设计的合理性、学生的课堂表现，以及思考有关团队协作意识培养的路径。

阶段三：文化理解与复杂语境的建构能力培养。此阶段重点在于培养学生理解问题的复杂性、提升语义表达的深度、融入本土文化的能力以及培养创新思维。希望学生们可以通过设计师视角，构筑起丰富的文化内涵理解。

2. 教学思考——课堂作为一个“互动场所”

①思考教与学的关系。老师不只是在讲授，而是将“课堂”转变为“由老师制定规则、把控流程与节奏，由学生（以个人、以小组的构成方式）进行自我管理、自发讨论与学习的场所”。

②提升学习体验。将“参与式、互动式、自发性”作为主要手段，激发学生积极性，提升其参与度；通过以小组为单位的教学实践，激发学生对自我角色的理解，提高学生自我学习与管理的意识。

③知识的“延伸”。借助新兴媒体的优势，将课堂作为“内容框架搭建、导览与沟通”的环境，充分借助网络进行知识点的拓展。

3. 综述

在这个阶段，学生可以基于兴趣与爱好进行多样选择。然而，学生在获得这种自由的同时，对于“专业性”的理解仍然是相对模糊的。在课程设计中，教师要深入探讨这个阶段学生所应该学习与专注的内容。

在课程思政教学方面，教师关注的问题是：在这一阶段，什么是最值得学习与专注的？教师考虑的不仅是具体的“知识”，更是掌握某类知识所需的潜心习得的“能力”。将“终身学习”作为一种时间长度进行综合考量，考虑学生在成长中的“增量”。

简言之，教师要给予学生足够的时间使其慢慢成长，认识到时间所带来的空间对于他们发展的不可或缺性。在这段时期，学生会根据自身的“境遇”进行调整，积极应对周围的变化，经历成功与失败，感受情感，不断重塑自我。这些经历往往是课堂里无法教授的内容。因此，学生们应不断寻找各类成长所需的物料与养分，形成更为全面的素养。在课程思政的教学中，教师应致力于引导学生在这个过程中获得更深层次的思考与认知，为其终身发展打下坚实基础。

结合国民意识和社会创新的设计实践课程教学

——为身边的“幸福感”而设计

完成人：宁兵　审核人：车飞

一、课程基本情况

课程名称：游戏化思维

授课对象：数字媒体艺术专业大学三年级学生

课程性质：专业基础课

二、课程简介

“游戏化思维”是一门数字媒体艺术专业学科基础课。游戏化思维以现实需求为目标，以游戏系统为框架，为用户创造现实与虚拟融合的用户体验。课程内容包括游戏设计基础知识、游戏化的原则与思维方法、游戏化创作实践。课程目的是让学生学会多角度地思考问题，培养游戏化思维，提出和验证创造性方案，深入理解数字生活中虚拟体验和现实体验的关联性。

本课程是一门交叉领域知识的课程包括对核心理论的学习，但更注重实践创新课程；考虑设计的效用，但更注重用户体验和情感价值的价值维度。

三、课程教学目标

（一）教学目标

教学目标包括两个方面：

①游戏化设计的专业知识的学习和实践。

②游戏化设计思维的创作实践和验证。

（二）思政目标

思政目标包括两个方面：

①培养具有国民精神的青年设计师：从“小我”的自主革新，驱动“大我”的进步。

②培育社会创新力的青年设计师：为“幸福”而设计，实现自我的社会创新价值。

四、课程基本内容及要求

本课程基本内容及要求见表15。

表15　课程基本内容及要求

课程章节	知识点	课程思政教学知识点
提出问题	游戏化设计思维	“幸福感”——设计师的社会责任
方案设计过程	用户研究方法、设计创意方法、游戏化创新实践	关注现实“大”问题 入手身边的“小”事 实践检验所学
设计验证	用户反馈与迭代	设计价值的反馈

五、课程思政教学设计

课程思政教学是在专业知识的教学中，把握思想认知的正确方向，把培养人才落在日常的重要举措。在本项目《结合国民意识和社会创新的设计实践课程教学》中，思政教学设计与实践教学环节密切结合，在教学过程中，潜移默化地渗透课程思政教学内容。

（一）教学设计

实践教学环节是设计专业课中重要环节，这个环节对考查提高设计专业学生的知识应用能力有着重要的作用。此次课程思政的教学设计贯穿实践环节的始终，包括提出问题、方案设计、设计反思环节。

首先，在提出问题环节与思政的结合，体现在通过对问题“设计所为”的思考，关注现实问题、社会问题，为真实的世界而设计，思考“小我”与“大我”的关系。通过为“我”设计，创造身边的幸福感，在实践检验所学的同时，也体会设计的价值所在。

在此课堂中，在充分地思考目标和设计可执行性的前提下，设定两个设计对象：2021 北京冬奥会和北京服装学院“幸福校园”。这两个命题，一个是时代的特点和大主题，北京作为奥运历史上的首个双奥之城，如何能在赛事服务和体验上更贴近青年，是一个有意义而且有新意的命题；一个是社会现实问题，针对大学生心理健康情况日益严重的趋势，以北京服装学院作为此问题的实例，构建“幸福校园”的美好愿景。

其次，方案设计环节与思政的结合体现在始终秉持的思政方向引导设计价值方向，这让设计师在设计过程中始终心怀“大我”价值观，不是只关注一些眼前的小利，而是考虑组织系统、社会环境、人文关怀的具有可持续利益的解决方案，这种价值导向让方案具有更好视野和更好的成果。

最后，设计反思环节与思政的结合体现在实践的验证上，也体现了实践是检验知识的试金石。通过使用反馈、原型测试等方式，我们可以检验设计效果。

（二）教学实践

1. 课程教学内容

“游戏化思维”课程共 36 课时，每周 6 学时，共计 6 周。课程的设计方向有两个：北京冬奥会的游戏化互动设计、大学校园的心理健康服务的游戏化服务设计。课程教学内容见表 16。

表16　课程教学内容

教学安排	教学重点	专业教学内容
专业知识讲授	学习相关概念 掌握方法 解读范例	游戏化的概念、发展、核心文献、经典讲座 游戏化、游戏、设计三个概念的区别和联系 游戏化的核心要素 课题的沉浸与分组思考
		游戏概念、元素、系统、交互与体验的基础知识 游戏的核心规则 游戏系统构的环节与流程
		游戏化在各个领域的应用案例和有效性 游戏化对创作用户体验的意义 创作游戏化系统的核心要素与步骤 游戏化项目创作

续表

教学安排	教学重点	专业教学内容
专业知识讲授	学习相关概念 掌握方法 解读范例	游戏化设计实践原则与方法 游戏化的优势与陷阱 游戏化设计的环节和流程 游戏化设计方案、迭代以及文案撰写
设计实践环节（结合思政内容）	“设计所为”思考： 现实问题 “小我”与“大我” 为幸福感而设计	初步研究文献：趋势调研、技术调研、案例调研 完成初版的研究报告 设问与讨论：提出问题 调研信息可视化设计 研究复盘
	公益性设计 设计观念 社会创新	游戏化设计方案——用户研究 游戏化设计方案——使用情境描述 游戏化设计方案——视觉方案 设计方案原型、体验与迭代
	以思政结合设计创新实践	游戏化设计概念宣传片 课程汇报

2. 课程成果

在课程的创新设计环节，一共产出游戏化设计方案 18 种：北京冬奥会命题 1 种；“幸福校园”命题 17 种，涉及校园信息互助、新生引导、校园情感成长、健康消费、自律养成、人际交往等方面。为校园的大学生群体提供了可借鉴的方案。

（三）教学反思

通过设计实践环节结合思政的教学设计，取得预想的教学效果，对学生设计观起到引导作用，同时“设计为何”“设计何为”的思想之间，在设计实践环节也得到了预期的贯穿和体现。

因为课时的关系，此课程的还没能在设计验证和原型测试上取得重大进展。除了课时的原因，在技术实现、用户测试方面还需要加强，也是后续需要继续改进的地方。可以思考通过第二课堂，或者通过创新创业计划推动创意落地。

“模特心理概论”课程思政教学探索与实践

完成人：李玮琦　审核人：谢平

一、课程基本情况

课程名称：模特心理概论

授课对象：表演专业大学一年级学生

课程性质：专业课

二、课程简介

（一）课程内容

“模特心理概论”课程使用的教材为李玮琦、宋松、高洁编著的《模特心理学》，教授学生专业发展心理、人际关系心理、人格塑造、模特心理训练等内容，使学生认识客观事物的特征与规律，在掌握知识和方法的基础上，通过实践塑造良好的综合心理素质，形成健康积极的心理状态，最终能实现在舞台上的完美呈现。

（二）课程特点

“模特心理概论”课程做到与思政“同向同行”，形成协同效应；将“立德树人”内化于心、外化于行，提升学生的“家国情怀”，同时培养学生的“人文关怀”。根据学生心理发展的规律，针对模特遇到的实际问题，通过多种教学方式，全面提升学生的心理素质，有效预防心理疾病和心理危机，促进学生全面发展。本课程利用思想政治教育元素加强对学生心理健康教育的指导，用系统而全新的教育理念推动教育改革创新。在课程中将思想政治教育内容有机融入，做到“潜移默化”，结合实际生活，立足真实需求，在教授学生心理知识、培养学生心理专业技能的同时，让学生深入感受与心理课程紧密结合的思想政治教育内容，发挥对学生生活和思想的指导及引领作用。

三、课程任务和教学目标

以学生为本，实现立德树人的根本任务，长远改造学生的价值观。注重课程思政教学入脑入心、见行见效的有效性评价，既关注学生获得感方面的理性维度，也关注发展持续性方面的实践维度。模特行业有着不同于其他行业的特殊性，增进心理健康是模特适应竞争和发展生存能力的必要条件。在培养中加强模特的人生观、价值观教育，从根本上促进和发展模特的心理健康，并将之运用到表演实践中，使其更好地适应社会环境和压力，以更加积极的方式去应对生活及职业发展中的各种挑战，最大限度地发挥自己的表演才能。

“模特心理概论”是一门专业基础必修课程，也是思政教育的重要组成部分。课程思政目标要和原有课程教学目标相融合，最大程度地挖掘课程的思政教育功能，服务于提升表演专业学生心理素质，实现“立德树人”教育理念。在知识传授方面，具体内容包括：掌握模特培养意志的方法、树立职业发展的自信、培养乐观的状态、正确理解竞争与合作、学会宽容、学会感恩、建立健康的心理、正确进行自我评价、缓解心理压力、学会对抗挫折、消除自卑心理、消除嫉妒心理、管理情绪、克服依赖心理、摆脱孤独心理、战胜虚荣心理、纠正自私心理、调整焦虑心理。在能力培养培养方面，模特心理训练是运用适当方法来提高模特的心理素质，培养良好的个性心理品质，从而使其在职业发展中保持最佳的心理状态，奠定良好的心理基础，最终实现个人能力的正常发挥甚至是个人潜能的超常发挥。专业训练只能解决技术和技巧问题，而心理训练才真正能提高模特的艺术修养。在价值塑造方面，健康心理应该包含确立正确的人生观及价值观。每个人的人生价值都包括自我价值和社会价值。自我价值是对自身需要的一种满足，包括自我的生存保护、发展完善等；社会价值即人对社会的贡献。人生的价值是自我价值与社会价值的统一。

四、课程基本内容及要求

本课程基本内容及要求见表 17。

表17　课程基本内容及要求

课程章节	知识点	课程思政教学知识点
第一章　专业发展心理	如何制订个人人生、专业发展目标 个人价值的构成 未来专业、职业发展规划 如何提高学习能力、如何加强自律、如何培养个人意志力	通过学习目标设定SMART原则，制订实现目标的计划，了解决定个人价值的内、外在因素，掌握如何提升内在价值、个人价值的核心要素、如何提高学习能力、如何加强自律、如何培养个人意志力。结合心理学和思政教育理论，对问题进行深入剖析，通过正确的指导方法，帮助学生认清自我、明确自身目标，选取合理方式，努力加强自身修养及素质，从而实现自我价值。课程核心在于促进模特自身发展的完整性，培养自我认知能力，切实提高心理素质，促进自身全面发展。课程体现以德为先的育人规律及心理学注重人格完善的实践宗旨，能够帮助学生明确人生意义、强化使命担当，厚植家国情怀、增强政治认同
第二章　人际关系心理	人际交往概述 人际交往易出现的问题 如何解决交往问题	帮助学生解决人际交往问题也是做好思政教育的一部分。心理教育和思政教育在现实问题的产生上具有联系性，寻找两者现实联系性是促进课程思政开展的必要措施。通过学习良好关系原则、人际交往技巧，学生了解社交焦虑（社交恐惧）、沟通艺术及技巧，促进与同学、父母及他人的良好关系，树立正确恋爱观。在教学中注重培育学生品德，帮助学生形成正确的世界观、人生观和价值观，使学生德才兼备
第三章　人格塑造	什么是人格、影响人格发展的因素、人格特点、塑造模特人格的意义 如何塑造人格、如何制订自我人格塑造计划 人格分类、人格障碍、常见的人格障碍及其应对方法	课程遵循心理学注重人格完善的原则。通过学习使学生认识健全人格的价值、树立性格优化的信心、加强自我人格塑造。做到知识传授、心理体验、行为调整与价值引领同频共振，显性教育和隐性教育相统一。通过设置清晰的融合式教学目标、遵循一定的课程实施原则、选择适当的教学方法、改善教学实践，高质量地完成课程思政教学
第四章　模特心理训练	情绪管理、积极心态、自卑与自信、焦虑管理	结合心理学和思政教育理论，对常见心理问题进行深入剖析，同时给予学生正确的指导，帮助学生认清自我，明确自身目标，选取合理方式，努力加强自身修养及素质，从而实现自我价值

五、课程思政教学设计

“模特心理概论”课程共四章，本节以最后一章“模特心理训练”为例。本章主要内容包括：模特培养意志的方法、正确理解竞争与合作、如何对抗挫折、如何管理情绪、调整焦虑心理等。本课程思政教学改革的创新点在于：发挥课堂教学的主渠道功能、从服装表演专业学生的实际需要出发、结合实际生活。表演专业学生因竞争和压力过大导致问题频出，如专业及未来发展困惑、学业拖延、人际关系紧张、心理失衡等，这些问题容易导致学生在价值观取向、道德修养等方面出现问题，进而使思想和行为产生偏差。在课堂教学和实践教学中发现学生产生的各种心理问题，探究这些问题对于学生所造成的不良影响以及背后的思想根源。学生学习心理知识来认识客观事物的特征与规律，在掌握这些知识和方法的基础上，通过实践塑造良好的综合心理素质，形成健康积极的心理状态，最终塑造更好的舞台表演。课程更要将家国情怀、使命担当、社会主义核心价值观等传递给学生，使他们担当起中华民族伟大复兴的重任。

将课程思政教学改革融入“模特心理概论”课程实践，达到专业知识与思政教育的有机结合。课堂是学生心理健康教育的主要阵地，课程利用思想政治教育平台，加强对学生心理健康教育的指导。对“模特心理概论”课程思政教学的探索，正是将思想政治教育融入高校课程的积极实践。结合实际生活，课程思政教学要求教师立足新时代，树立思政观、育人观，用系统而全新的教育理念推动教育改革创新。通过学生的课后作业及评价可以发现，与心理课程紧密结合的思想政治教育内容对学生的生活和思想具备指导意义和引领作用。

（一）教学设计

1. 课程思政教学的总体理念和思路

“模特心理概论”课程思政建设的关键在于课程设计。课程结合学生个体世界观和价值观还不够成熟的心理发展特点和模特的职业特点，创新教学方法、拓宽教学思路，发挥学生的主观能动性，避免为思政而思政，而是使思政与课程有效相融、逻辑互构，潜移默化地影响学生，进而实现对学生政治方向、价值观的引领，提高学生在认识和价值判断上的自主性和个体心智的发展性。在人格和道德形成方面给予正确引导的同时，锻炼学生思维发展和解决问题的能力，使学生在自我审视的过程中实现对人格和道德的淬炼。健康心理与模特的专业发展、实际生活、价值观紧密相连，"知、情、意"中蕴含着丰富的思政元素，在课程设计中须有效挖掘和利用这些元素，采取新颖的教学方式让学生体会课程思政内容，将课堂由接受知识向感受体验性转变，通过师生互动、增强学生情感体验。

2. 结合课程内容有机融入思想政治教育的总体教学设计

具体包括以下四个方面：

①学习心理和人的全面发展观相融合。通过学习的实质、动机、方法，尤其是心理问题应对策略的探讨，深化学生对学习本质和未来发展的理解，促进其思考学习、终身学习及全面发展，在学生高度认同中引领正确"三观"。

②心理教育与思政教育目标相融合。立足中国传统文化，促进学生理解人的发展本质并引入人生意义。通过品德和心理健康的关系，引导学生思考"立德树人"的德育目的和个体积极心态的关系并改善个人行为。

③生命意义和思政教育的本质相融合。引导学生结合自我成长经历，关注人的本质和价值、人生理想和目标等问题，突出德育的本质属性。引导学生思考人与大自然的关系，尊重自然生态，践行保护环境的行动理念，坚定可持续发展的理念。

④挫折教育与思政教育的意志建设相融合。思政教育要强调个人意志、民族意志和国家意志的统一。通过实例引导学生加强原则性、自律性、坚持性等方面的锻炼，增强承受挫折及抗打击能力，培养学生坚强意志。

把课程思政的理念融入模特心理课程的教育教学，对创新服装表演专业学生心理健康教育模式，提升教育教学的针对性和实效性具有重要意义，教师在教育教学中必须坚持以学生为中心、以成果为导向的育人理念，深度挖掘课程教学中的思政元素，不断优化课程教学内容，提升协同育人的意识，增强协同育人的本领，做到育人先育己，以自己的良好行为示范，塑造学生良好品格和行为。

（二）教学实践

1. 教学内容

教学内容包括模特培养意志的方法、树立职业发展的自信、培养乐观的状态、正确理解竞争与合作、学会宽容、学会感恩、建立健康的心理、正确进行自我评价、缓解心理压力、学会对抗挫折、消除自卑心理、消除嫉妒心理、学会管理情绪、克服依赖心理、摆脱孤独心理、战胜虚荣心理、纠正自私心理、调整焦虑心理。

2. 教学方法与过程

课程思政教学要求教师立足新时代，树立思政观、育人观，用系统而全新的教育理念，推动教育改革创新。在课程中将思想政治教育内容有机融入，做到潜移默化，就必须结合实际生活，立足真实需求。

在教授学生心理知识、培养学生心理专业技能的同时，利用思想政治教育平台，加强对学生心理健康的指导。课堂教学中增加学生分组讨论和参与的比重，以增强学生主动思考和创新思维的发展，可以极大程度地激发学生学习兴趣。课堂案例分享结合小组讨论可以实现师生间的双互动，提升课程实效。通过课下实践和社会调研，让学生深入感受正确的与心理课程紧密结合的思想政治教育内容，领悟并践行，认识和实践互相促进，以达到理性认识、情绪情感和个人行为的协调统一。除了上述内容，教师还要结合实际，从学生的需要出发，对学生的生活和思想进行指导和引领。

（三）教学反思

1. 教学效果

课程育人目标达成程度及教学效果较好，尤其是在学生良好的沟通表达能力和创新发展意识、良好的社会公德和职业道德方面。通过课程教学，帮助学生解决在专业发展中产生的各种心理问题，并挖掘背后的思想根源，避免这些问题对模特造成不良影响。结合心理学和思政教育理论，对这些问题进行深入剖析，同时给予正确的指导方法，帮助模特认清自我，明确自身目标，选取合理方式，努力加强自身修养及素质，从而实现自我价值，取得专业学习和发展的进步。

2. 教学改进计划

首先，寻找课程和思想政治教育在育人目标上的互通性和一致性。心理教育是“育心”，思政教育是“育德”。正确的思想价值观能够引导学生心理健康的良性发展，健康的心理状态可以促进高尚思想价值观的形成。二者有机结合，相辅相成、互相补充，才能帮助模特培养良好的综合品质，提高应对挫折及适应环境的能力，成为全面发展的专业人才。

其次，解决现实联系性问题。心理是思想品德形成的基础，心理因素会影响思想品德的发展过程，所以良好品德的形成需要健康心理来支撑。而良好的思想品德是思政教育的重要内容，决定了世界观、人生观、价值观的正确形成。在现实中，表演专业学生在 T 台上彰显个人风采，为学校，甚至为国家争得荣誉，但也因竞争和压力过大导致问题频出，如专业及未来发展困惑、学业拖延 、人际关系紧张、心理失衡等，这些问题容易导致学生在价值观取向、道德修养等方面出现问题，进而使思想和行为产生偏差。帮助学生解决问题也是做好思政教育的一部分。心理教育和思政教育在现实问题的产生上具有联系性，寻找两者现实联系性是促进课程思政教学开展的必要措施。

最后，解决差异性问题。心理教育和思政教育的内容不同。模特心理课程主要帮助学生适应专业发展环境、提高自我管理能力、加强人际交往能力、提高心理素质、学习调控情绪的方法等；思政教育是要对学生的意识形态进行引导和培养，树立正确观念。所以心理教育和思政教育的理论依据不同。教师要解决两者的差异性问题，寻找共同点，才能提高模特心理课程教学效果。

北京冬奥精神中的“强国有我，青年担当”

——“品牌媒介推广”课程思政建设

完成人：张琛　审核人：谢平

一、课程基本情况

课程名称：品牌媒介推广

授课对象：广告学专业大学三年级学生

课程性质：专业核心课

二、课程简介

通过系统的理论学习、案例教学和动手实践，学生能够全面而深入地理解品牌理论及基本常识，包括品牌的定义及构成要素、品牌价值的界定及构成、品牌定位原理、品牌个性识别、品牌形象识别、品牌传播的基本概念、品牌延伸的原理、品牌营销战略、品牌推广活动等内容。现有的课程设计在培养学生专业素养的基础上，做到“以文化人、以文育人”，培养学生能够使用传播学、市场营销学、管理学理论去深入地分析品牌的媒介选择和组合。通过培育人文素养与思想政治素养，帮助学生建立专业信念。

本课程要求学生能够使用传播学、市场营销学、管理学理论去深入地分析品牌特质，并对如何进行媒介选择和组合有专业性的思考。以讲好中国故事为起点，请学生思考国产品牌在传播过程中，怎样彰显民族文化特色。作为一名新时代有信仰、有担当的广告人，应当在品牌定位和传播过程中，从中国实际出发，传播正确的价值观，创作中国好故事，更好地向世界传播中国声音。

三、课程教学目标

（一）思政目标

①在讲好中国故事理念下明确课程思政的内涵和要求。

②构建贴合中国特色社会主义现状的大学生数字素养框架。

③选取课程思政内容与本门课程的专业契合点。

④整合思想政治教育的原则，做到教学资源“二次开发”。

（二）教学目标

①掌握各种品牌媒介的基本概念、分类。

②了解并掌握品牌的定位、形象识别、延伸策划的工作流程。

③掌握品牌营销管理的专业知识及实操。

④借鉴广告公司案例，进行实际的品牌活动推广策划训练。

四、课程基本内容及要求

本课程基本内容及要求见表 18。

表18 课程基本内容及要求

课程章节	知识点	课程思政教学知识点
第一章 品牌基本概念 专题：全球时尚品牌推广与实践 1	品牌的本质与构成 品牌的作用 时尚品牌推广的营销基础 公共关系与品牌塑造	理解：品牌的本质与构成 掌握：全球时尚品牌的概况 应用：对品牌塑造中成功案例和失败案例进行分析 思政要点：中国现当代品牌历史 思政元素：家国情怀、社会责任
第二章 品牌传播基础分析 专题：全球时尚品牌推广与实践 2	品牌传播环境分析 品牌产品（企业）竞争分析 品牌竞争分析 品牌合作的营销手法 时装秀的品牌传播	了解：品牌传播的基础 理解：品牌传播环境 掌握：品牌的已有营销手法 应用：结合案例视频进行品牌传播分析 课程思政要点：中国改革开放以来，市场经济的成就 思政元素：“家国情怀”“社会责任”

续表

课程章节	知识点	课程思政教学知识点
第三章　品牌定位策划 专题：全球时尚品牌推广与实践 3	品牌定位原理 品牌定位决策 品牌定位评估 全球时尚街区分析	了解：品牌定位的基础 理解：品牌定位特点 掌握：品牌的定位方法 应用：结合案例视频进行品牌传播分析 课程思政要点：中国企业的社会责任感 思政元素：社会责任、文化认同
第四章　品牌文化与个性识别 专题：全球时尚品牌推广与实践 4	品牌文化提炼与传播 品牌个性塑造 时尚活动的演变 国产美妆的品牌营销	了解：品牌文化的具体指向 理解：品牌文化的相关影响因素 掌握：品牌个性塑造的策略 应用：选择某真实品牌进行品牌文化识别分析 课程思政要点：开放、包容、共享的大国形象 思政元素：冬奥会文化理念
第五章　品牌形象识别策划 专题：全媒体整合广告专题 1	品牌名称策划 品牌标志及视觉风格 品牌包装设计策划	了解：品牌形象识别的基本概念 理解：品牌名称的独特性 掌握：品牌视觉风格的流行趋势 应用：围绕品牌形象进行研讨 课程思政要点：新时代中国特色社会主义建设、双循环新发展格局、“一带一路”倡议、“百年未有之大变局”及“人类命运共同体”理念 思政元素：社会责任、创新能力、传播伦理
第六章　品牌营销战略管理 专题：全媒体整合广告专题 2	品牌营销战略的概念及特征	了解：品牌营销战略管理的基本概念 理解：品牌营销管理的内涵 掌握：全媒体整合的要素 应用：实地调研，结合中国市场特色展开研讨 课程思政要点：新时代中国特色社会主义建设、双循环新发展格局、“一带一路”倡议、“百年未有之大变局”及“人类命运共同体”理念 思政元素：社会责任、创新能力

续表

课程章节	知识点	课程思政教学知识点
第七章　品牌延伸策划 专题：信息图表展示	品牌延伸的原理 品牌延伸的决策 品牌产品线延伸的	了解：品牌形象识别的基本概念 理解：品牌名称的独特性 掌握：品牌视觉风格的流行趋势 应用：围绕品牌延伸的决策进行研讨 课程思政要点：创新、协调、绿色、开放、共享的新发展理念，以用户为中心、简约、极致、迭代、流量、跨界、平台、大数据、社会化的九大互联网思维 思政元素：社会责任、创新能力、科学思维
第八章　品牌传播策划 专题：H5 融媒体作业制作 1	品牌形象传播策略 品牌广告传播策略 品牌媒介选择与组合策划	了解：品牌广告传播策略的独特价值 理解：品牌媒介选择的影响要素 掌握：品牌媒介的融媒体策略 应用：品牌媒介选择的最优组合 课程思政要点：近几年有关互联网、分享经济、平台经济方面的政策 思政元素：社会责任、法治意识
第九章　品牌活动推广策划 专题：H5 融媒体作业制作 2	事件营销：冬奥会的中国品牌 体验营销：社交媒体的选择 销售促进：策划步骤	了解：品牌活动的推广策划要素 理解：多种营销策略的灵活运用 掌握：品牌媒介的融媒体策略 应用：品牌活动推广策划流程 课程思政要点：近几年有关互联网、分享经济、平台经济方面的政策；绿色营销、公益营销 思政元素：传播伦理、道德规范

五、课程思政教学设计

（一）教学设计

1. 总体理念和思路

本案例属于第四章“品牌文化与个性识别策略”部分，通过预习自学和教师的课堂教学使学生能够在理解的基础上熟练地掌握品牌文化战略在具体的品牌项目策划的过程中能够正确地运用。选用北京服装学院的服装设计、志愿者服务等案例，鼓励学生以2022北京冬奥会为选题对象，分析冬奥会作为一个“大品牌”所体现出的国家形象、城市形象、企业形象及个人形象，通过这些内容的融入增强学生对学校的认同感，对国家、民族的自豪感。

2. 课程思政总体设计

（1）知识传授

课程中所涉及的品牌文化的形成和发展是一个循序渐进的过程，它需要企业整合智力资源、财力资源等，以品牌的核心价值为主线，不断注入与品牌定位或品牌个性相适应的文化背景元素，并通过坚持不懈、持之以恒地演绎与传播，逐渐形成被消费者广泛认可的一种文化现象。当一个品牌的文化得到消费者的高度认同时，就会使越来越多的消费者成为该品牌的忠诚消费者，从而使该品牌在市场竞争中长期保持领先地位。

本课程教学采用以学生为中心的知识呈现。教师可以将2022北京冬奥会当做品牌文化来进行分析。其一，它体现了冬奥文化理念在城市空间的延伸。所谓冬奥文化理念体现为四个方面特征（见表19）。其二，学生将会了解到中国冰雪历史的发展，这表明东方传统冰雪文化已经在与西方的现代冰雪文化相融合，而中国的冰雪文化开启了新阶段，运动竞技与体育强国以及满足人民生活需求相结合，将冰雪运动常态化，让更多冰雪项目走入更多中国人生活中，并让它同时具备古今传承之特色。其三，冬奥会是体育精神、民族精神和国际主义精神于一身的世界级运动盛会，象征着世界的和平、友谊和团结。这就是文化理念最重要的体现。随着冬奥会的举办，冬季体育运动并不仅是一种运动形式，而变成了一种文化存在。通过一句句主题口号、一个个吉祥物及不同的会徽，不同国家、不同民族能够在冬奥会上实现文化的互通互鉴。文化理念的外延也随着时间推移和国界的跨越而变得更为丰富，它与当代冰雪运动、大众文化生活以及全球文化交流相辉映，让文化符号贯穿于竞技赛事中，完成一个个华丽绽放的瞬间。

北京作为2022冬奥会的主办地，充分展现古都风韵与现代城市气息，通过举办冬奥会，传递出奥林匹克运动不仅是注重竞技表现，更为重视人类共同参与体育活动这一大众体育文化内涵，因为这让体育再次回归最初兴起的原动力，即生活劳动与大众休闲活动相结合。一个以发展大众体育运动为宗旨的北京，充分体现出城市友好型社会的发展方向。

表19　冬奥文化理念的要素特征

特征	和谐发展	团结友谊	公平竞争	奋力拼搏
主要理念	人的和谐发展主要包括体力和智力或身体和精神两方面。奥林匹克主义的宗旨是使体育运动为人的和谐发展服务，以促进建立一个维护人的尊严的和平社会。其哲学思想体现为“增强体质、意志和精神并使之全面均衡发展”。冬季奥运会鼓励人们积极投身到体育运动中，其目的是使人得到全面发展，不仅拥有健康的体魄，而且拥有良好的素质，成为高尚、真正、坚强、聪明、健美的人	奥林匹克运动最高目标是通过体育活动的手段，把世界不同国度、不同种族、不同语言、不同宗教信仰的人凝聚到一起，使大家相互交往，增进了解和友谊，进而为建立一个维护人的尊严与更美好的世界做贡献	奥林匹克运动首先以竞技体育为主要活动内容，人们在竞争中抒发雄心壮志，增长聪明才智。奥林匹克主义倡导的竞争是以公平的道德标准为前提的，强调“体育就是荣誉，但荣誉公正无私”	奥林匹克运动倡导以奋斗为乐趣、从奋斗中求得幸福的人生态度。倡导最大限度地挖掘自身的潜力，向自身体能、生命的极限挑战。赛场上的奋斗是人类奋斗的缩影，如拼搏的艰辛、竞争的白热化，奋斗精神体现人类前进的一种内在动力

（2）能力培养

着重培养学生掌握分析通过冬奥会传递出北京城市文化的几个维度。文化是人类在社会历史发展过程中所创造的物质财富和精神财富的总和。狭义的文化特指意识形态所创造的精神财富，包括宗教、信仰、风俗习惯、道德情操、学术思想、文学艺术、科学技术、各种制度等。2022北京冬奥会的胜利举办展现了北京城市形象。在课堂重点给学生分析以下五点：其一，精神要素，即精神文化；其二，语言和符号；其三，规范体系；其四，社会关系和社会组织；其五，物质产品。

（3）价值塑造

以“2022北京冬奥会文化理念的识别与传播”为主题进行研讨，其核心是希望大学生能够从国家重大活动事项中，建构出与中国特色社会主义相一致的人生观和价值。

通过此次冬奥会，北京作为具有全球影响力的城市，以“人本主义”“和谐共生”“全民健身”为主要符号彰显中国理念和中国态度。通过该课程讲授能够贯通古今，以培养“把握时代潮流和国家需要，敢为人先、敢于突破”的创新型人才为主要思路，融入课程自身体系中，通过合理的教学安排，让学生在课程学习和研讨中，找到启智润心的突破口，在实际媒介传播中扎根于中国的国情、民情，在将来的岗位中做到德才并重，不负时代使命。

通过邀请担任2022北京冬奥会和残奥会志愿者的学生分享经历、讲述感受，既展现中国新时代青年的热情、朝气，也让学生感受到美的多样性。

（二）教学实践

1. 教学设计

本案例围绕“冬奥文化理念”“2022北京冬奥会文化理念”“城市形象识别”这三方面内容设计整个教学过程，将教学过程细分为“呈现任务”“明确任务”“完成任务”“任务评价”四个环节。

（1）呈现任务

围绕“冬奥文化理念”展示问题情境，引出学习任务。

学生活动：学生完成对该主题的热身工作，搜集资料，做好学习心理准备。

（2）明确任务

明确“2022北京冬奥会文化理念”，鼓励学生相互探讨，尤其是对于申办冬奥会的四个宣传短片进行分析。

学生活动：学生分组讨论在宣传短片中展现了怎样的国家形象、北京形象。

（3）完成任务

观察学生评价和总结的框架，并提供必要的指导与帮助。

学生活动：学生组内进行任务的细分，明确任务分工，真正做到全面分析2022北京冬奥会文化理念。

（4）评价任务

教师点评学生的作品，结合思政元素进行评价。在允许个性化表达的前提下，向学生强调2022北京冬季奥运的胜利举办，也是一场重要的“国家形象”传播过程，不仅体现出国家整体办会实力，还考虑到全球观众的心理。以体育赛事为载体达到文化交流的深层目的，并实现对体育文化和价值观念的全球传播，也更符合人类命运共同体的构建宗旨。

学生活动：学生展示小组的分析评价方案，对学习成果进行自评和互评。

2. 思政元素展现

（1）理论与思考，符合社会发展需要的文化价值引领

围绕2022北京冬奥会文化理念传播现状，将冬奥会作为品牌文化的盛会予以分析，以奥运文化理念的核心价值为主线，不断注入与国际、民族特色定位或个性相适应的文化背景元素，并通过坚持不懈、持之以恒地演绎与传播，逐渐形成所广泛认可的一种文化现象。当一个城市在冬奥会展现出的独特文化得到全球人民的高度认同时，就会使越来越多人对这个国家、城市产生认同感。

通过对北京冬奥会顺利召开进行分析，引导学生思考“一起向未来”“人类命运共同体”这两个问题，把思政教育的思想性、理论性与亲和力相融合，将中国传统文化精神贯穿于此届冬奥会举办分析中，促使学生产生民族自豪感。

（2）思政教育与课程运行规律有机融合

课程思政是“活水”，而课堂教学是“渠道”，二者不是割裂的两方面，而是协同育人的价值共振关系。首先，将思政教育提取成思政元素，本部分课程植入的思政元素可以细分为“家国情怀”“社会责任”“文化认同”“道德规范”“法治意识”“传播伦理”这六个元素。学生纵观历史认识到，冬季体育运动并不仅是一种运动形式，而是变成了一种文化存在。

（3）夯实大学生政治认同和文化认同

该部分讲授中也会在这门专业课的“兴趣培养”阶段，重点夯实学生的政治认同和文化认同，并且从“十四五”规划、国家政策等方面，让学生感受到中国社会运转体系的繁荣和活力；在知识讲授环节，用马克思主义立场观点和方法分析如何继承传统优秀文化又弘扬时代精神。让学生感受到这届成功举办的冬奥会传递出的文化理念与当代冰雪运动、大众文化生活以及全球文化交流相辉映。通过学生熟悉的冬奥会案例，帮助学生更好地认识中国的历史、文化和发展道路，增强爱国主义情感和对共产主义事业的信心。

（三）教学反思

在这个教学案例当中，教师认真地做好了备、教、改、辅等每一个细节，将思想政治教育和教学工作尽可能很好地结合起来。教学的有益经验总结如下。

第一，教师要发挥“引”而非“导”的作用。在学习品牌文化和个性识别时，“引”学生跳出微观的企业品牌分析视角，关注重大体育文化盛会，通过进行任务布置、现场讨论“引”学生主动发现和主动研究，而非直接由老师“导”出关键知识点。

第二，教学要育人和育才并重。在实际教学中，教师身份应转变，在课程思政教学应秉持德育为先、育人为本的原则。在实行专业教育基础上实现课程融思政，强化育人意识，助推课程育人功能的发挥。而“育才”实践的是“德才兼备”的教育理念，教师要赋予其深刻的时代价值和意义，找到思政教学融入专业学习的突破口。

第三，学生要大胆创新，也要有批判性思维。教师布置的作业应更多发挥学生的创造潜能，挖掘学生的创作潜力，培养他们的专业自信心。未来在思政元素融入课堂的实践中，教师应同时培养学生的“批判性思维”能力。

服装设计元素理论研究

完成人：赵萌　审核人：席阳

一、课程基本情况

课程名称：服装成衣设计方法

授课对象：市场营销（时尚买手）专业大学三年级学生

课程性质：学科基础课

二、课程简介

成衣是近代服装工业中出现的一个专业概念，是根据某一目标群体的需要，按标准号型批量生产的服装。成衣具有款式批量化、生产机械化、价格合理化、规格标准化、产品商业化的特性。

本课程是必修课，是学生在完成服装基础理论和基础版型课程后学习的专业设计课程。课程基于成衣设计方法展开，紧密结合服装品牌成衣开发现状，将成衣设计开发的整个过程进行系统性讲解，从成衣风格研究到设计调查，再进行信息整合，然后明确设计方向，根据市场定位进行系列成衣设计开发。

通过课程的讲授，使学生形成一整套的成衣设计思维方法论，明确成衣设计开发的完整规范流程，以及如何根据市场和消费者进行品牌风格定位，根据品牌风格定位进行成衣的设计开发。重点进行感性思维和理性思维并重、逻辑思维和逆向思维并重的教学训练，培养学生的分析力、判断力、联系力、综合力，训练学生掌握理性设计方法，以及如何与完全靠灵感进行的感性设计方法结合，从而共同构成相对完整的设计方法论。

三、课程教学目标

（一）思政目标

本课程的思政目标是教学过程中不仅关注专业知识的培养，更应该是始终围绕着育人工作这个核心，服务于青年学生成长成才，把知识导向和价值引领相结合，向学生传输社会主义核心价值观，引导学生在课堂中不仅学到知识技能，更要学会做人做事，课堂教学是引导学生学习知识、锤炼心志和养成品行的过程。

（二）教学目标

本课程总体教学目标是培养兼具商业视角和设计创意的拓展性设计人才，学生能够在设计过程中，准确进行成衣服装品牌风格分析，并根据品牌风格梳理品牌的设计元素群，熟练掌握成衣设计的基本流程，运用成衣设计中理性有序的设计方法，将感性设计与理性设计方法融合，并在限定性的设计框架中加入创意点，使最终设计的款式风格鲜明，具有市场价值，贴合消费者需求。

四、课程基本内容及要求

本课程基本内容及要求见表 20。

表20　课程基本内容及要求

课程章节	知识点	课程思政教学知识点
第一章　风格研究	服装风格	从中国历史发展入手讲解服装风格种类、历史演变
第二章　设计调研	市场细分	以中式服装市场为例进行分析
第三章　信息整合	流行趋势信息分析	梳理近十年流行趋势中的中国元素运用情况，进行分析讲解
第四章　设计方向	思维重组设计方法	以中式服装产品开发过程为例进行分析讲解设计方法
第五章　创意思维	设计思维	将中国传统图案进行组合重构，分析设计思维方式和方法

五、课程思政教学设计

（一）教学设计

1. 课程总体教学设计思路

课程思政教学就是将思想政治教育渗透到知识、经验或活动过程中，这一过程是价值理性和工具理性的统一。课程思政教学要求高校教师在传授课程知识基础上引导学生将所学知识转化为内在德行，转化为自己的一种素质或能力。“课程承载思政”注重在价值传播中凝聚知识底蕴，在知识传播中强调价值引领。

高校的课程都要发挥思想政治教育作用，时尚买手与企划方向课程体系中也必然要承载思想政治教育的功能，要通过课程思政润物细无声地达到思想政治教育目标，在教学过程中有意识、有目的、有计划地将倡导的道德规范、思想认识有机融入各个教学环节中。将特色性教学内容融入课程体系中，使学生产生共鸣，从而提升自我行为道德。高校专业课不仅要传授知识，还要构建课程体系并精准融入思政元素。

在“服装成衣设计方法”课程内容从时尚买手与企划方向核心课程入手，将思想政治教育渗透课程知识讲授和课程实践过程中，注重在价值传播中凝聚知识底蕴，在知识传播中强调价值引领。重新梳理时尚买手与企划方向课程体系，以四个课程模块的核心课程为主，形成课程思政教育的教学指南和规范，明确课程的思想政治教育元素，在教学目标、教学内容、教学方法、教学平台、教学评价等环节明确育人要求。同时对当代大学生的精神文化需求现状进行调查研究，最终通过校企合作实践教学使课程思政落地实践，从而全面提高时尚买手与企划课程思政教学质量。

2. 课程教学设计

本文选取第四单元章节进行教学设计规划，服装设计元素理论是第四部分设计方向章节的重点概念，该理论的核心观点是服装设计元素风格构成服装品牌风格，服装设计元素散乱，则品牌风格模糊涣散，反之，则品牌风格鲜明突出。服装品牌之所以有自己的风格，是因为这个品牌有属于自己的设计元素，因此每一个品牌在一定时期内应该由一个基本的设计元素群构成，如果没有基本的设计元素群，产品面貌将混乱不堪。品牌要重视设计元素，形成相对恒定的品牌风格。因此在进行成衣设计的时候，学生需要从设计元素的选择、运用、组合来明确设计方向，进而形成品牌风格。

设计元素是指构成产品整体风格的最基本事物的单位。设计元素与风格的关系是：某类服装市场的风格是由多个类似风格的服装品牌组成，服装品牌的风格由每个构成这个品牌的服装系列的风格组成，每个服装系列的风格由组成这个系列的每件衣服的风格组成，每件衣服的风格由每件衣服的构成（如图案、造型、面料等）的风格组成，每个构成部分的风格由组成这个部件的每个设计元素的风格组成。

（二）教学实践

1. 课程教学说明

通过理论教学，学生需要综合运用所学进行市场调研、竞争品牌分析、流行信息整理，掌握服装品牌产品设计开发的流程和产品方案策划方法。通过对目标品牌产品分析，以及当下流行趋势信息分析，来为目标品牌的新一季产品开发提出方案。

2. 课程教学内容及课程思政实践

（1）第一单元

进行市场调研，确立模拟的目标品牌，并进行目标品牌产品分析。

第一步：进行市场调研，了解目前服装品牌及市场情况，选择一类服装市场，再从中选出各小组的目标品牌，后续以这个目标品牌为模拟对象，进行秋冬季新产品策划方案。

第二步：

①目标品牌相关信息搜集：品牌背景（成立时间、重大事件、旗下副线品牌等）、年龄定位、价格定位、风格定位、销售定位等品牌基本信息。

②目标品牌产品调研与信息搜集：选取北京市场中目标品牌的旗舰店，实地调查品牌产品，收集每款产品 SKU 数量、每款产品价格定位（主体价格）、每款产品材质成分、产品色彩系列、细节设计、服装搭配等。

本单元目的：通过对目标品牌产品分析，可以明确目标品牌在色彩、结构、款式、细节、面料等方面都是如何定位的，进而明确产品风格和设计特点，为新一季度产品开发提供依据。

本单元课程思政实践：从中式风格服装入手进行分析，通过近几年中式风格服装的案例进行对比分析。

（2）第二单元

从秀场中收集与目标品牌产品风格类似的5个品牌，或者是目标品牌今后可以模仿的榜样品牌，所选品牌不需要全部产品都跟目标品牌相似，也可以是部分相似。

第一步：浏览最新流行趋势信息，先按照关键词搜索，从已有趋势报告中寻找代表性品牌，再下载相关品牌产品图片（高清大图）。

第二步：按照风格—款式—色彩—面料、细节分析—关键单品—配饰品的分析过程，整理设计信息。

本单元目的：从流行趋势信息中梳理出对目标品牌新产品开发有借鉴意义的信息，并结合趋势发展为产品开发提供依据。

本单元课程思政实践：从中式风格服装入手进行分析，通过近几年中式风格服装的案例进行对比分析。

（3）第三单元

根据第一单元和第二单元的信息进行新产品策划。

第一步：确定主题。

①品牌新季节整体风格定位构思。

②主题数量参考调查数据。

③主题表达包括：风格灵感图、色彩灵感图、潘东色卡、材质灵感图、款式灵感图。

④核心设计信息：确定结构、面料、色彩、细节等。

第二步：

①明确具体的产品构成比例、定价标准、搭配情况。

②进行款式的设计开发，先画草图，最终用电脑绘制平面款式图入册。

③设计开发最具有特色的一个系列产品。

本单元目的：训练成衣设计开发的方法和流程，并实际操作练习。

本单元课程思政实践：以中式服装产品开发流程为案例进行分析讲解。

（4）第四单元

进行最终文案排版设计。

第一步：

①寻找设计范例，从范例中学习色彩运用、布局设计等。

②制作图形、图表，并下载相应图片。

第二步：结合范例和目标品牌的风格定位，进行最终的排版设计，从封面到内容页的设计都要风格突出。

本单元目的：培养学生的设计素质，提高学生设计水平。

本单元课程思政实践：从中国传统书籍装帧设计的案例入手分析，开拓学生的思路。

（三）教学反思

本课程的改进思路包括以下三个方面：

1. 开发“任务单式教学”模式

“任务单式教学”模式是将课程讲授内容、课程进度、随堂作业和结课作业的安排，以及讲课和实践环节的具体安排以课程任务单的形式罗列出来，形成“成衣设计方法课程任务单”。这样可以方便学生了解课程的内容和目的，以及了解每一次课的主题，既可以让学生对本课程的学习有一定的计划和安排，方便学生进行预习和复习，调动学生的学习兴趣和主动性。

2. 教学手段的进一步多样化

成衣设计课程的时效性和实操性都非常强，相关的内容变化日新月异，加之新媒体的高效传播，今后的课程中，教师应该不断更新教学手段，使课程的时效性和实操性能够充分展现，让学生爱上这门课。

3. 增加中国本土成衣品牌案例

中国本土成衣品牌发展迅速，如何对这类成衣品牌进行风格研究、设计调查、信息整合、理性设计、创意思维？成衣品牌在设计过程中有何不同？这都是今后的发展趋势，也都是学生感兴趣的内容，更加可能是学生今后就业的方向。因此，授课教师要加强学习研究力度，拓宽知识面，扩大信息量，把握品牌市场变化的趋势，不断增加课程新知识点，不断完善设计理论，使课程真正能成为受学生欢迎、对学生有用的专业精品课程。

精益求精　弘美厚德

——“传统壁画临摹与研究”课程思政教学设计

完成人：张楠　审核人：关立新

一、课程基本情况

课程名称：传统壁画临摹与研究
授课对象：公共艺术专业大学二年级学生
课程性质：学科基础课

二、课程简介

壁画作为一种古老的艺术形式，在人类文明发展的长河中扮演着重要角色，时隔数千年仍然拥有巨大的影响力，成为人们了解人类文化、宗教和生活等历史的窗口。传统壁画临摹课程是学生领会壁画艺术所具有的独特美学特性，并将传统壁画的艺术形式、规律和法则运用于当代壁画设计中的重要训练途径。

本课程以弘扬民族艺术为基点，以中国传统壁画为载体，以中国古代艺术文化的历史发展为主线，通过对传统壁画作品的临摹、考察与研究，让学生了解、掌握传统壁画专业知识的同时，认识中国艺术在世界艺术领域中的重要地位，深入理解传承中华文化精髓的重要性，并热爱本民族的传统文化，增强民族自豪感，培养学生弘扬优秀的文化艺术和宝贵的民族精神的使命感。

针对此课程的思政教学，教师在准确把握艺术教育规律、课程教学要求和艺术学生的特点等基础上，立足北京地区的艺术文化资源实际，从教学目标、教学模式、教学内容等方面入手，不断探索教学改革和创新，将“育人”贯穿教学的全过程，既要把“美育”的核心建设好，又要把“德育”的根本落实好，在课程思政建设方面取得了良好的效果。

本课程教学中使用的参考书包括段文杰、樊锦诗主编的《中国敦煌壁画全集》、金维诺主编的《中国寺观壁画全集》。

三、课程教学目标

（一）思政目标

①使学生认识中国艺术在世界艺术领域中的重要地位，以及深入理解传承中华文化精髓的重要性。

②培养学生热爱本民族的传统文化，增强民族自豪感。

③通过动手实践，培养精益求精、严谨求真的“工匠精神”。

④培养学生弘扬优秀的文化艺术和宝贵的民族精神的使命感。

⑤使学生树立远大的理想目标、端正为人、做事、求知的态度。

（二）教学目标

①通过临摹，培养学生对装饰造型领域中的传统壁画艺术的认识。

②初步掌握传统壁画艺术的造型特征和表现方法，把握传统壁画艺术造型的基本规律和法则。

③领会传统壁画艺术所具有的独特美学特性，能够将其艺术形式规律、法则运用于现代壁画设计中。

四、课程基本内容及要求

本课程基本内容及要求见表21。

表21　课程基本内容及要求

课程章节	知识点	课程思政教学知识点
第一章　中国传统壁画的概述	中国传统壁画的历史沿革	使学生认识到中国艺术尤其是壁画艺术深厚的历史底蕴，及其在世界艺术领域中的重要地位

续表

课程章节	知识点	课程思政教学知识点
第二章　中国传统壁画的艺术特点	中国传统壁画的分类、造型特点、赋彩特点、构图特点	使学生产生保护文化遗产的紧迫感，培养学生热爱本民族的传统文化，增强民族自豪感
第三章　中国传统壁画的主要技法	制作地仗、勾填、罩染、晕染、接染、贴金、描金	珍惜古代劳动人民的智慧成果，认识祖国丰富的非物质文化遗产保护重要性，培养爱国、爱民的民族精神
第四章　中国传统壁画的主要步骤	读画、做底、拓稿、勾线、赋色、做旧、调整	培养学生精益求精的“工匠精神”，树立合作理念，培养学生协作共进的团队精神。引导他们既不盲目排外，也不奉行拿来主义，让学生从中西艺术的价值取向、本质特征、发展优势及演进倾向角度，树立文化自信，更加热爱中国文化

五、课程思政教学设计

本处所选案例为课程的第二章，题目是“中国传统壁画的艺术特点”，主要讲授中国传统壁画的分类、造型特点、赋彩特点、构图特点。

本课程以弘扬民族艺术为基点，以中国传统壁画为载体，以中国古代艺术文化的历史发展为主线，通过对传统壁画作品的临摹、考察与研究，让学生在了解、掌握传统壁画专业知识的同时，认识到中国艺术在世界艺术领域中的重要地位，深入理解传承中华文化精髓的重要性，并热爱本民族的传统文化，增强民族自豪感，培养学生弘扬优秀的文化艺术和宝贵的民族精神的使命感。

教学目标主要由思政目标、知识目标、技能目标、情感目标四个方面构成（见图 18）。

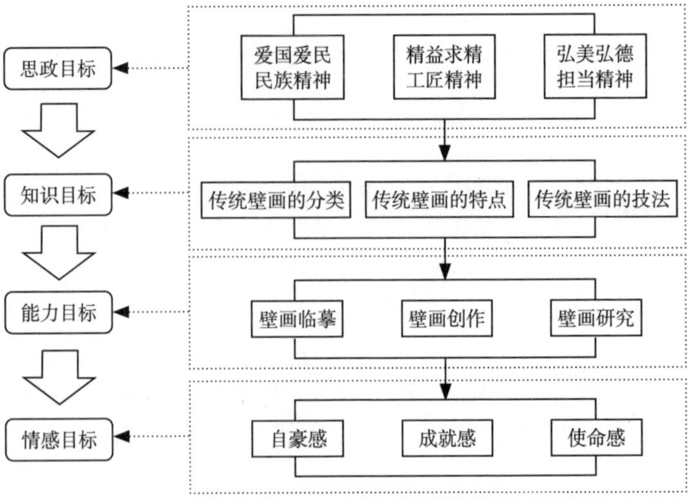

图18　教学目标

（一）教学设计

“传统壁画临摹与研究”课程建设主要从拓展平台、寻找要素、选择手段、确立方法、达成目标、提升境界六个方面开展。即以增强专业能力与思政素质为目标，拓展线上与线下教学平台，以历史遗产与文化内涵为要素，结合理论研究与实践训练等教学手段，通过融合与引导，提升学生的审美修养与道德情操境界，实现“育人”和“育才”为一体的最终效果（见图 19）。

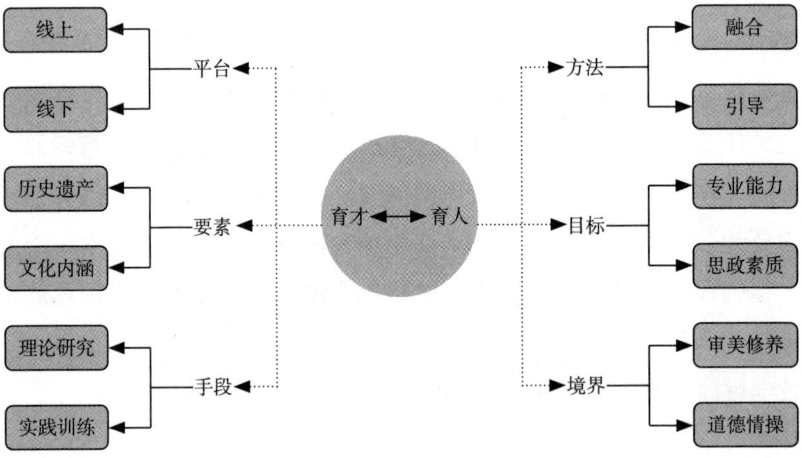

图19　课程思政建设思路

以增强专业能力、思政素质为目标：课程的预期目标，一是完成教学大纲要求的专业知识的教学任务，提升学生的业务能力和水平；二是增强学生的民族自豪感，激发他们的使命感，以继承传统文化、创新传统文化、传播传统文化为己任，增强学生的思想政治素质。

以线上、线下课堂为平台：围绕思政建设目标，教师积极拓展线上、线下两个平台的教学资源，打造“在线”与“在场”相结合的教学新场景。充分利用教师制作的微课、慕课，以及互联网的传统壁画类纪录片资源，用灵活多样的方式吸引学生参与教学。

以理论研究、实践训练为手段：美术专业的学科特点和规律决定了教学必定是从理论到实践。中国传统壁画的思政元素表达与历史、政治和宗教的变化发展是紧密相连的，这为思政模块与理论知识体系的契合提供了便利。实践训练环节不仅培养学生理论联系实际和动手实操能力，培育新时代的“工匠精神”，还可以使学生“以劳润德，以劳育美”。

以历史遗产、文化内涵为要素：教师以中国丰富的古代壁画遗产，如敦煌莫高窟壁画、陕西章怀太子墓壁画、山西永乐宫壁画、北京法海寺壁画等作为切入点，讲解这些不同历史时期、不同内容、不同形式和不同风格的壁画背后所展现的不可估量的艺术价值，以及所映射出的中国人的审美追求、人文精神和文化内涵。

以融合、引导为方法：贯彻“OBE”成果导向教育理念，教师与学生多维度沟通，课程教学中摒弃填鸭式、灌输式教学方法，融合实施 5E、PBL、案例教学法等方法。教师积极发挥引导作用，塑造有温度、有思考的课堂氛围，增强感染力，提高思政教育的成效。

提升审美修养、道德情操境界：课程教学不仅是知识的传递过程，也是提升学生审美修养的过程，更是完善人格的过程。同时，透过中国传统壁画发展的历史迷雾，可以窥探千年文明所孕育出的精神气节，引导学生树立社会责任与家国情怀，勇担改革创新的时代使命。

（二）教学实践

1. 以理论知识为载体，突出价值引领

中国传统壁画历史源远流长，从萌芽及至发展、完善，在长期的发展中，在中国美术史及世界美术史上遗世独立，构筑了恢宏的篇章。本章节的理论部分主要围绕“石窟壁画”“寺观壁画”“殿宇壁画”“墓葬壁画”四种传统壁画

的类型，通过分类讲授其艺术造型的基本规律和法则，题材内容及独特的表现技巧，使学生领会这些中国壁画艺术因时代、地域、环境的不同所生发的美学特性。在此过程中，教师理顺文化源流，深入挖掘作品背后蕴含的思政元素和哲学思想，重组知识模块形成思政元素的“点、线、面”，推进课程教学思政的实施。

一方面，将思政目标与专业知识教学目标相对应，通过专业视角逐步引入思政内容，引导学生在学习专业理论知识的基础上寻求道德共鸣，在产生文化认同的基础上构建正确的世界观、人生观和价值观。比如，在讲授“石窟壁画”的典型案例——敦煌莫高窟壁画时，教师会导入斯坦因、伯希和等外国探险家对莫高窟壁画及文物大量掠夺、盗卖和破坏的场景，通过我们的古代文明遭受到的无法估量的损失，使学生产生保护文化遗产的紧迫感；导入2016年一批流失的敦煌壁画准备在日本横滨拍卖，后被国家文物局发函叫停的案例，通过我国首次成功叫停海外流失文物拍卖，使学生感受到国家日益强大的影响力；导入常书鸿、段文杰和樊锦诗等一代代敦煌守护人的故事，通过他们坚守大漠、艰苦奋斗所诠释的“莫高精神”，激发学生甘于奉献、勇于担当的精神。

另一方面，课程思政的内容凸显时效性，结合时事热点深挖课程的思政育人资源，从国际、国内两个大局的热点时事资源中探寻课程所蕴含的思政元素，选择有利于培养和训练学生科学的思维方法和思维能力的内容，教会学生用正确的立场、观点和方法认识并分析问题，发挥习近平新时代中国特色社会主义思想、社会主义核心价值观等内容引领性作用。教师结合课程内容，引导学生深入挖掘敦煌壁画蕴含的艺术价值、人文精神，同时深刻理解其中蕴含的中华民族的文化精神、哲学思想，铸牢中华民族共同体意识，鼓励他们争做中国优秀艺术传承的实践者、贡献者，争做新时代中华文化的传播者、创新者。

2. 以技能传授为依托，培育时代精神

中国传统壁画的临摹绘制，有严格的程序性和极高的技术性。在课程的实践训练部分，教师通过示范与辅导的方式，带领学生完成从研磨颜料、制作地仗、拓印底稿、勾制墨线、着色晕染、沥粉贴金、做旧调整等一系列临摹流程（见图20、图21）。引导学生逐步形成认真观察、深入思考、精准复原、细致摹绘的良好习惯，培养学生精益求精的工匠精神。同时，由于大尺寸壁画作品的制作需要同伴的配合才能顺利完成，因此，在课程中教师还引导学生树立合作理念，培养学生协作共进的团队精神。

图20 学生正在着色晕染

图21 学生正在沥粉贴金

一方面，教师强调“学生为要”，注意调动学生积极性，结合多种教学法，让他们主动参与，自主学习。从实践课题入手融合思政元素，引出课堂知识点。比如，在实践过程中，帮助学生利用比较研究的方法，针对中国与西方传统壁画的造型技巧、材料工艺等方面进行全方位的比较。通过分析，使学生认识到西方人擅长写实，重视解剖透视，强调理性分析，而中国人侧重于写意，重视神韵表现，强调精神象征。引导他们既不盲目排外，也不奉行拿来主义，让学生从中西艺术的价值取向、本质特征、发展优势及演进倾向角度，树立文化自信，更加热爱中国文化。

另一方面，教师注重“就地取材”，充分利用北京地区丰厚的博物馆和壁画遗产资源，创造机会让学生走出校园、走进现场。通过进行实地讲解，既可以让学生更直观地理解专业知识的难点与重点，也可以让思政内容潜移默化地产生影响，达到“润物细无声”的效果。比如，在进行“寺观壁画”临摹课题时，选择北京地区的传统壁画瑰宝——法海寺壁画进行临摹。法海寺壁画代表了明代壁画最高的成就，其以精致、细腻、富丽堂皇等特点称著于世，仅是沥粉堆金的技法就运用了贴金、混金、描金、拨金等多种用金的装饰技法，这在国内壁画中是罕有的，显示出其“和而不同”的艺术特色。但也正是由于这个特点，使其临摹难度高。因此，在绘制实践过程中，教师带领学生前往法海寺实地考察，使学生对优秀的中华文化遗产从视觉、触觉及心理等层面建立了全方位感受（见图 22）。让他们深入了解我国壁画艺术的辉煌成就，汲取文明成果、形成文化认同，树立学习、保护、传承和弘扬中华优秀传统文化的自觉。

图22　学生在北京法海寺考察

3. 以作品展示为媒介，实现文化辐射

公共艺术作品具有鲜明的时代性、开放性，具有服务于当代社会的特点。在当今信息化高度发达的时代，随着公共艺术作品展览展示方式的多元化，作品的文化辐射功能达到一个前所未有的高度。壁画作为公共艺术的一种典型的表现形式，较之于其他艺术形式，具有普及性高、叙事性强和传播性广的特点。特别是传统壁画的题材具有广泛的群众基础，可以使观赏者更好地领悟作品的精髓和意境，文化辐射能力也更强。

教师通过举办课程教学成果的展览展示活动，实现课程思政的“外化”。构建了由美术馆线下展览方式（见图 23）与各类网络媒体线上展览方式组成的立体展示方式，受众群体规模较大。作品呈现出核心价值观的导向作用。

一方面，展览普及了传统壁画的知识，使观众认识到传统壁画的魅力，激发他们的爱国主义情怀。另一方面，展览丰富了观众的情感，使他们从作品中产生共情和共鸣，有助于使其建立正确的价值观和审美观，用健康积极的态度去看待社会，传播了正能量。最后，展览可以感召更多的观众主动学习艺术，由观赏者变为创作者，主动地推广优秀传统文化，弘扬中华民族精神。自实施课程思政改革以来，所产出的教学成果和举办的展览展示活动，对精神文明建设产生了积极的社会效益，体现了课程“立德树人”的作用。同时，对其他专业课程思政的改革和实施，具有一定的示范意义。

图23　课程成果展览现场

（三）教学反思

1. 教学效果

本次课程思政的教学改革，通过对中国优秀传统壁画美术作品的赏析、专业知识的讲解，以及专业的实践训练，让学生通过亲身感受，创作出与人文历史相关的美术作品，可以有效塑造学生的思想道德品质及爱国情怀。通过引导学生加入爱国主义题材的创作，一方面使学生认识中华民族优秀传统文化，正确认识思想政治教育的重要意义；另一方面，学生以爱国主义题材、优秀民族文化、地方民族文化作为绘画的创作素材，不仅有助于融入主流艺术创作，还能在弘扬优秀中华文化上做出当代大学生应有的贡献，帮助他们树立正确的世界观、人生观、价值观，激发他们对为人类发展做出贡献的前辈的深刻缅怀，让他们的心中升腾起为实现中华民族伟大复兴的中国梦而努力奋斗的豪情壮志。

教学改革充分挖掘了美术的思想内涵，大力弘扬了美术的民族特性，积极以美术为载体宣传新时代党和国家建设发展取得的巨大成就，不断探索美术教育与思想政治教育的协同创新模式，推动课堂教学与德育实践的深度融合，全面提升了课程思政的育人效果。

2. 存在的问题

在以往的课程思政教育实践中，一些高校的公共艺术专业课程没有在教学模式上形成长效的“立德树人”机制。特别是实践类课程教学，往往过多注重专业技法和实践训练，课程的专业内容不能很好地与思政要素相结合。目前存在的主要问题有：一是专业教师的重视程度不足，没有充分理解“三全育人”的要求，认为思政教育就是思政课教师的工作；二是教学目标的高度不够，只注重达成专业教学目标，没有设立思政目标、情感目标等更高层次的育人目标；三是教学内容的针对性不强，没有充分挖掘所在地域的政治、经济、历史和人文等优势资源，没有充分利用公共艺术“在地性”的特点；四是教学内容的时效性不足，没有充分结合党和国家最新的发展战略，特别是城乡文化建设方面的方针与政策。

3. 改进思路

专业课程不仅是教师传授专业知识的主渠道，也是引领思想的主阵地。教师应将“专业知识模块”和“思政育人模块”紧密结合，塑造课程思政“高效课堂”。在教学理念上突出“专业＋思政”的结合点，在教学内容上丰富“专业＋思政”的切入点，在教学模式上增强“专业＋思政”的协同力，全面落实“立德树人”根本任务，营造有冲击力、感染力、亲和力的课堂氛围。充分发挥各类课程的育人功能，提升课程思政融入专业教学的内涵和水平。做到在知识传授中体现善的感召力、在能力培养中凸显美的感染力、在价值塑造中彰显真的吸引力，实现知识传授、能力培养和价值塑造的有机统一。

党的十八大以来，公共艺术专业的发展趋势向好，特别是随着“十四五”期间，党中央、国务院将“城市更新”和“乡村振兴”上升为国家战略，其学科建设遇到了史无前例的发展机遇。在此过程中，公共艺术专业的课程思政建设如何做到“因事而化、因时而进、因势而新”成为我们必须思考的问题。专业课程思政教育是为社会主义现代化建设培养“德才兼备”人才的关键所在，需要更多的高校专业教师、学者响应时代呼唤，开展教学改革的研究与实践，将高校的思想政治教育与所属学校的办学定位、所在地域的文化特点等联系起来，将政治认同、家国情怀、国家意识、公民人格、文化自信、人文精神、社会责任、道德规范、科学精神和创新能力等要素融入专业课教学，打造课程思政的新思路、新方法和新举措，让思政要素融入师生血脉，化为师生发展的精神钙质。

“油画风景写生与创作”课程思政建设

完成人：郭文宁　审核人：关立新

一、课程基本情况

课程名称：油画风景写生与创作
授课对象：绘画（油画）专业大学三年级学生
课程性质：专业必修课

二、课程简介

“油画风景写生与创作”是绘画（油画）专业本科学生的必修课程，安排在第五学期，共60课时，3.5学分，前续课程为“油画风景”，后续课程为“绘画语言研究”。本课程是在“油画风景”的基础上，进一步通过写实实践，把客观风景元素主动安排在画面中，重构自然风景中隐藏的画面秩序，把客观自然风景转化为具有独特审美价值的风景创作。本课程是实践类课程，需要在校外实践基地完成，已拍摄完三节微课，可以作为信息化教学资源向师生共享。

本课程教学中所用参考书包括孙纲著的《油画风景教学》、毛岱宗著的《油画风景写生》、侯丹娟著的《高校课程思政建设研究》。

三、课程教学目标

（一）思政目标

本课程围绕着“以高尚的精神塑造人、以优秀的作品鼓舞人”的宗旨，结合“做好美育工作，要坚持立德树人，扎根时代生活，遵循美育特点，弘扬中华美育精神，让祖国青年一代身心都健康成长”的精神，通过本课程的写生教学实践，让学生感受祖国的大美山河，通过教师对当地风貌以及当地人文、历史、地理、社会习俗的讲述，增强学生的爱国热情和民族自豪感，激发了学生“以大爱之心育莘莘学子，以大美之艺绘传世之作”的信心和决心。

（二）教学目标

通过课堂讲授和教师写生示范，潜移默化地将思政教学融入教学实践中，是本课程的主要教学目标。“油画风景写生与创作”写生实践课的一个重要特点，是从课堂走向户外，在课程思政建设中，教师紧紧围绕着“为什么人”的问题展开课程的思政设计。首先立足于学院的优秀传统，在继承油画优秀学院传统的基础上，通过描绘自然风景，感受祖国的大美河山，增强学生的爱国热情和民族自豪感，同时通过教师对当地风貌、人文、历史的讲解，进一步增强学生的文化自信。

四、课程基本内容及要求

本课程基本内容及要求见表 22。

表22　课程基本内容及要求

课程章节	知识点	课程思政教学知识点
第一章　油画风景概述	油画风景的历史概述与作品鉴赏	通过中西方经典油画风景作品的对比，阐述中国油画风景中的中国元素和中国文化精神
第二章　中国山水画与西方风景画的异同	文人画的审美范式与精神内涵	通过对中国山水画特别是文人画的讲授，阐述中国山水画中的东方审美范式与中国绘画的写意精神
第三章　油画风景写生实践	风景写生中的观察与表现	通过写生基地的风景讲授中国风景中的历史与文化内涵
第四章　油画风景创作	油画风景的构图形式与绘画语言探索	在油画风景创作中融入中国传统绘画元素和中国文化精神内涵，创作具有中国气象与中国气派的油画风景作品
第五章　结课讲评	对写生与创作风景进行总结	逐一讲评每名学生的风景写生和创作作品，将中国独特的艺术审美范式融入作品讲评中

五、课程思政教学设计

（一）课程阶段

课程讲授与写生实践。

（二）主要内容

在油画风景写生过程中培养中国审美范式。

（三）主要创新点

1. 以理论知识为载体，以写生实践依托，融入思政教育，培养具有中国审美范式的绘画审美观

绘画（油画）专业的“油画风景写生与创作”课程，主要是通过讲授油画风景写生的基本技巧，以及风景创作的基本方法，使学生领会油画风景艺术所具有的独特美学特性，增强传统艺术的修养，能够将中国传统的美学精神、形式法则与造型规律运用于油画风景创作中，去体会中国传统绘画的独特审美观，并将其运用到油画风景写生与创作中。同时通过写生实践，使学生深入了解中国的山水风景，在教授专业理论知识的同时，培养学生对中国大好河山的认同感，从而增强学生的文化自信，激发学生对学习祖国大好河山的自豪感和归属感。

2. 以风景写生技巧为依托，培养团队精神

“油画风景写生与创作”是一门实践性极强的课程，对于培养学生的团队精神和合作能力具有重要的作用。在课堂教学中，教师通过传授风景写生技能，引导学生逐步形成认真观察、深入思考的良好学习习惯，培养学生对自然风景的色彩表现。同时，在写生过程中，学生需要深入到自然中才能顺利完成实践，因此教师在课程中还为学生灌输团队合作的理念，并通过具体实施加深印象，培养学生协作共进的团队精神。

（四）教学设计

如何在风景写生中对学生进行中国传统文化精髓和精神内涵的东方审美范式的培养是本课程思政设计的重要内容。“油画风景写生与创作”是写生实践类课程，在课程思政教学中，本课程主要把自然美感转化为对祖国大美山河的热爱，并通过对所描绘的风景的地理、历史、人文等资源的挖掘，增强学生的文化自信，创作出更具艺术感染力的油画风景作品。在教学设计中，从理论讲

授到写生实践，无不贯穿着东方审美范式的培养，首先是讲授阶段，通过中西方风景画的对比，找出西方风景画中的光色特点和表现方法，然后从中国山水风景画的历史发展尤其是文人画的发展，梳理出中国山水画独特的写意精神和艺术价值，并将中国文人画的审美价值融入当代的风景写生与创作实践中，创作出具有独特中国文化内涵和审美范式同时又兼具中国气象和中国气派的中国油画风景作品。

（五）教学实践

1. 教学内容

教学内容为中国风景的独特审美价值和中国文化内涵，包括以下三个方面。

①西方风景油画的历史与当代西方风景油画的审美观。

②中国山水画的历史发展与中国山水画的精神内涵。

③中国风景油画写生与创作中的东方审美范式培养。

2. 教学方法

（1）讲授法

通过理论讲授，对比讲解中西方风景绘画的异同，重点讲授西方油画风景的光色运用与油画本体语言的探索，讲授中国山水画中的审美取向，找出中西方风景油画审美价值的异同，同时强调在油画风景创作中融入对中国传统文化的精神内涵，尤其是中国山水画的写意精神，创作出具有中国东方审美情趣的中国油画风景作品。

（2）渗透式教学法

在讲授与油画风景写生实践过程中，通过对风景的观察、概况、取舍、表现等各个环节，区分中西风景绘画的异同，同时将中国山水画独特的散点透视法、三远法、皴法、“六法”，以及对绘画品格的精神追求渗透在讲授与写生实践环节，加强学生对油画风景写生与创作作品的品格追求，强化油画风景作品的气象和中国气派，“只有中国的才是世界的”，进而通过渗透教学引导学生逐步建立中国特有的审美价值体系，创作出具有中国特色的油画风景作品。

（3）写生实践示范法

通过指导教师的亲身示范，将中国风景中的笔墨追求和审美情趣直观地展现在同学面前，通过风景语言的淬炼和表现手法的探索，让学生们感受到用西方油画创作技巧同样能创作出具有独特中国文化内涵和精神品格的油画作品。

3. 教学过程

（1）在理论讲授中体会中国风景独特审美价值和中国文化内涵

中国幅员辽阔、历史悠久、名胜古迹众多，每个地区都有当地的自然景观和人文景观，形成了当地独具特色的历史人文资源。风景写生多选择在写生实践基地进行，写生实践基地一般坐落在风景优美的文化古迹和风景名胜区附近，如西递、宏村、武夷山等就是联合国文化遗产和国家级风景名胜区。这里不仅风景优美，而且具有深厚的历史文化积淀，其独具特色的历史建筑和具有中国审美风范的自然风光有机地结合在一起，形成了独具特色的中国式风景。

同样是自然景观，中国式风景不同于西方风景。在中国传统绘画中，只有山水的概念而没有风景的概念，风景是西方语汇。用当代人的观点，山水就等同于风景，但其内涵不同。中国的山水画经过魏晋、唐宋时期的院体画发展，在宋代达到了一个高峰，宋代的山水来自对客观自然景观观察，也体现了中国传统文化“天人合一”的自然观，尤其是以李唐、范宽为代表的北方山水画派，他们以自然为师，创造崇山峻岭的壮美画面，体现了对自然的敬畏和向往。而元代的山水画则达到了中国文人画的高峰。从元代开始，文人画成为主流，文人具有极高的文学艺术修养，他们寄情于山水，不以“形似”为画面最终效果，用“贵在似与不似之间”的笔墨，营造了一个可有可居的世外桃源，其笔墨中的“写意精神”经过一代又一代艺术家的艺术实践和理论建构，形成了中国山水特有文化内涵——“写意精神”。

在画油画风景写生教学中，教师要特别强调油画风景写生中的写意精神，这和西方传统风景的教学不同。传统的西方油画风景写生以真实地再现客观自然风景的光色为目的，印象派之后的西方风景写生有笔触的概念，也有抽象化的形色概况，但和中国绘画写意精神的内涵不同。中国山水画中的用笔、用线以及皴法、墨法等不能等同于油画中的笔触和线条运用，中国山水画中的笔墨承载着深厚的中国文化内涵，比如用笔中讲究“骨法用笔”，要以中锋为主，兼用侧锋表达体面转折和笔法变化；在用墨方面，要讲究“墨分五色”及“一笔画”；在章法布局中讲究虚实对比、节奏韵律、黑白构成，特别是中国画独有的“留白”，计白当黑、计黑当白等。而不是像很多西方艺术理论家评论中国绘画中所认为的“线条的艺术”或者“黑白的艺术”，这样就把中国绘画的文化内涵简单化了。这是在本课程讲授中的课程思政要点。

（2）油画写生实践环节课程思政元素的运用

在具体的写生实践中通过讲授和创作作品的方式让学生接受中国审美价值和中国审美观的范式引导，培养和西方不同的价值观和审美观，把西方的油画精髓学到手的同时，融入中国传统文化的价值内涵和中国艺术的写意精神，创造具有中国精神和中国气派的具有本民族特点的油画风景作品。通过对经典油画风景作品的赏析、专业知识的讲解，以及专业的实践训练，让学生通过自己的亲身感受，创作出具有中国文化内涵的油画风景作品，可以有效塑造学生的思想道德品质及爱国情怀。使学生认识祖国大好河山和中华民族优秀传统文化，正确认识思想政治教育的重要意义，不仅有助于其融入主流艺术创作中，还能让他们在弘扬优秀中华文化上做出当代大学生应有的贡献，帮助他们树立正确的世界观、人生观、价值观，激发他们对为人类发展做出贡献的前辈的深刻缅怀，让他们的心中升腾起为实现中华民族伟大复兴的中国梦而努力奋斗的豪情壮志。

（3）风景油画创作实践过程中课程思政元素的融入

通过油画风景创作实践，在风景创作中融入中国的审美价值评判体系，培养中国式的艺术审美范式，充分挖掘油画风景的思想内涵，大力弘扬蕴含在油画风景中的中国元素，积极以美术为载体宣传新时代党和国家建设发展取得的巨大成就，不断探索美术教育与思想政治教育的协同创新模式，推动课堂教学与德育实践的深度融合，全面提升课程思政的育人效果。

（六）教学反思

1. 教学效果分析

通过“油画风景写生与创作”课程思政项目的开展，对经典油画风景作品的赏析、专业知识的讲解及专业的实践训练，让学生通过亲身感受，创作出具有中国艺术精神和中国文化内涵的油画风景作品，可以有效塑造学生的思想道德品质及爱国情怀，培养具有中国审美价值取向的中国式审美观，使学生认识祖国大好河山和中华民族优秀传统文化，正确认识思想政治教育的重要意义。

本次课程思政项目通过三周课的讲授和写生创作实践，充分挖掘油画风景的文化和思想内涵，大力弘扬蕴含在油画风景中的中国元素，积极了解以美术为载体宣传新时代党和国家建设发展取得的巨大成就，不断探索美术教育与思想政治教育的协同创新模式，对于推动课堂教学与德育实践的深度融合，全面提升课程思政的育人效果发挥了良好的作用。

2. 存在的实际困难和问题

在此次课程思政项目实施过程中，如何将说教式的思政内容融入专业知识讲授和专业艺术实践中，用最通俗的语言、最易于接受的方式让学生在教学过程中潜移默化地接受和吸收，是在项目实施过程中遇到的实际困难和问题。

3. 改进思路

首先，在整体的课程设计上宏观把握课程思政的内涵，既不是简单的说教式讲授，又不是晦涩难懂的思政理论教学，要让学生在学习专业知识的过程中自然而然地接受思政教学的内容并真正把握课堂思政的核心内涵。

其次，需要在知识点的挖掘上下功夫，针对课程理论讲授的知识点深入挖掘其间蕴含的思政内容，并巧妙地和专业知识结合起来进行讲授。

最后，通过教师的作品示范和个别讲授，将各个小的知识点通过作品的方式让学生更直观地接受课程思政的内容。

思政元素美术作品在色彩教学中的应用

完成人：陈蕾　审核人：马天羽

一、课程基本情况

课程名称：色彩

授课对象：大学一年级学生

课程性质：学科基础课

二、课程简介

色彩学作为美术学院油画、师范专业的核心课程，亟待思政内容的引入和指导，以实现红色资源与专业课程的整合。美术学院涉及色彩课程主要包括：“色彩 A”“色彩 B”“风景写生”“油画肖像”“油画半身像”“风景写生”“油画人体 B”“绘画语言研究”“传统文化考察与创作采风”“壁画”等。

我国近现代美术史中，经典美术作品在色彩的运用与设计上都可以为写生、创作提供有力的依据与启发。融入思政元素的美术作品不只在题材选择、构图造型上更靠拢红色传统，其色彩的运用方法、材料技法的选择等方面都能够带给现代美术教学以新的灵感。

三、课程教学目标

（一）思政目标

从思政的角度解析作品创作时代背景、内涵、意义，增强经典美术作品对青年人的吸引力和感召力，使学生了解红色资源、中国传统色彩与专业课程的联系形式。

（二）教学目标

收集、整理、编辑优秀美术作品，为美术学院油画、师范专业教师提供随时随地可以查找、引用的美术作品思政信息、资源。

四、课程基本内容及要求

本课程基本内容及要求见表23。

表23　课程基本内容及要求

课程章节	知识点	课程思政教学知识点
第一章　绪论	红色资源与专业课程的结合	红色经典美术作品是教学资源建设的重要部分，红色美术作品与中国艺术发展有着不可分割的联系，能够引发学生兴趣和思考
第二章　了解红色资源与中国传统色彩	红色资源的基本表现形式	通过对红色经典美术作品赏析来解析中国近现代史上的大事件。分析“红色经典”的当代意义、重温历史。教师收集整理各大博物馆、纪念馆以及公开发表过的红色经典美术作品，既促进红色经典美术作品鉴赏和教育价值的充分体现，也为思政教育提供优质资源
第三章　收集红色资源	讲述红色资源的收集方法和渠道	数据收集和实地收集相结合。北京市有多处革命专题博物馆、纪念馆、革命旧址遗址等，都可以作为本项目的重要学习基地。红色故事不仅发生在中国，也与世界紧密相关，如大型雕塑作品《马克思》立于德国，纪念中国留法勤工俭学运动的大型雕塑《百年丰碑》立于法国，也可以作为教学中向学生进行宣讲的重要内容
第四章　分析红色作品	通过分析作品，研究其创作的背景、表达的主题内容，从艺术、审美的角度和思政的角度对红色作品进行分析和研究，最后以图文的形式呈现	红色经典美术作品的政治性、思想性、艺术性高度统一，达到历史真实和艺术真实的高度统一将是本项目教学中的重要方法。以美为体、以史为魂，依托丰富的历史素材，运用绘画形式再现党史上的重大事件、杰出人物和优秀党员形象，融党史题材和艺术之美于一体，生动地再现建党百余年的光辉历程
第五章　学会艺术创作	讲授以围绕红色文化为主题的创作方法	指导学生进行创作实践

五、课程思政教学设计

（一）教学设计

1. 学情分析

（1）学生知识经验分析

色彩是学生学习艺术过程中的必备因素，思政主题美术作品也是学生在以往学习过程中必不可少的学习主题，如董希文创作的《开国大典》、李可染的《万山红遍》等，都是将色彩的强烈感情色彩与绘画相结合，而学生对于色彩的认识也有一定认知基础，比如“中国红”是一种中华民族团结友爱、奋勇向前、自强不起的伟大民族精神的象征。

而思政元素美术作品也是经常出现在大众视野中的艺术精品，这些作品激人奋进、令人动容，使学生充分感受到历史的分量和革命先烈的无私奉献，这类作品被大众传媒广泛进行讲解传播，学生对其有一定的基本了解，特别是其代表的历史文化故事和深刻的时代内涵，因此通过思政主题作品讲解分析色彩知识，有利于加深学生理解，促使学生产生共鸣。

（2）学生学习能力分析

学生在以往的学习过程中主动性不强，主要以老师的课堂讲授为主，缺乏主动分析研究美术作品的能力，因此通过本课程收集、整理、编辑制造型美术作品的工作可以有效培养学生的主动性，引发学生主动思考、主动学习的主动性学习思维。因此，教师在授课过程中要加强对学生的引导，引发其兴趣，培养学生深入研究与分析思政元素美术作品的能力，引导学生创作思政元素的美术作品。

（3）学生思想状况分析

在经济高速发展及全球化的大背景下，各种艺术形式、艺术主题层出不穷，而学生缺乏深刻的思想性及发现问题的能力，往往观察事物流于表面，缺乏对传统文化的继承思想，易被外来的潮流文化所吸引，因此教师需要在学习过程中对学生加强引导，使其爱上传统文化，感受传统文化之美。

2. 教学目标

（1）价值目标

坚持中国特色社会主义办学方针，聚焦立德树人的根本任务，引领学生在红色艺术资源中陶冶情操，感受红色艺术文化的魅力，努力实现思政教育效果最大化。

（2）知识目标

其一，使学生初步掌握色彩学知识，了解色彩的构成及基本规律，感受色彩的情绪。其二，学生应能通过色彩学的角度对红色资源进行分析与研究，充分了解色彩与文化之间的内在联系。其三，学生应掌握搜集红色资源的渠道和方法，对资源进行有效的收集、整理和编辑，同时对中国传统色彩的类型形成初步认识。

（3）能力目标

通过开展教学活动，培养学生的审美能力，提高其对色彩的认知能力，使学生能够独立分析艺术作品中的色彩表现因素。同时，使学生在艺术表现的过程中，能够合理运用色彩的表现因素，将色彩的魅力灵活运用于艺术创作当中，从而增强作品的艺术表现力和思想性。

3. 教学重难点与创新点

（1）教学重点

作品的收集将是本课题实施过程中的重点，思政元素艺术作品种类繁多、数量庞大，只有基于大量的思政元素艺术作品欣赏，学生才能切实感受到思政元素艺术作品的基本形式。

（2）优秀作品来源

① 国家博物馆、军事博物馆等全国各大博物馆，以及延安革命纪念馆、抗日战争纪念馆、革命烈士纪念馆等全国革命根据地 / 革命纪念馆所收藏的美术作品。

② 公开、发表过的优秀作品。

③ 民间美术作品。

④ 国外美术馆、博物馆收藏、陈列的作品。

优秀作品的收集采用数据收集和实地收集相结合的方式。北京市有多处革命专题博物馆、纪念馆、革命旧址遗址等，都可以作为本项目的重要学习基地。红色故事不仅发生在中国，也与世界紧密相关，如大型雕塑作品《马克思》立于德国，纪念旅法勤工俭学的大型雕塑《百年丰碑》立于法国，也可以作为教学中向学生进行宣讲的重要内容。

（3）教学难点

红色经典美术作品的编辑将是本课题实施过程中的难点，红色经典美术作品的政治性、思想性、艺术性的高度统一，达到历史真实和艺术真实的高度统一将是本项目教学中的重要方法。本课程以美为体、以史为魂，依托丰富的历史素材，运用绘画形式再现党史上的重大事件、杰出人物和优秀党员，融党史题材和艺术之美于一体，生动地再现建党百余年的光辉历程。

自古以来反映中华优秀传统文化和高尚情操的优秀艺术作品也精彩纷呈，如元代四大家中的吴镇、倪瓒与清初“四僧”中的石涛、八大山人的山水画和花鸟画中潜藏着作者的政治倾向和对异族入侵之后的愤懑情怀的抒写。石涛的《墨荷图》中有题款诗：“韩园虽好梵宫荒，歌伎游归恨杳茫，堤外莲花千万朵，不知谁是旧人香。”这些作品都将成为本课程的重要研究内容。

（4）主要创新点

美术教学历来注重写生、构图、设色、材料这些基本内容，中华人民共和国成立后，以苏派美术为主导的学院美术教育也以“主题性”创作为绘画教学内容。但是，“主题性”创作已不能完全适应现阶段国家、社会、学校对美术创作教育的需求。“艺术走向生活”成为学校教育、青年创作的最直观目标。本项目一方面以红色经典美术作品、思政主题美术作品为研究对象和资源库，将其应用于色彩教学中；另一方面，本项目将更为注重思政主题美术作品和生活的联系，只有使学生真正认识到思政元素是生活的一部分，才能让其深入人心。本项目将鼓励学生选择思政主题美术作品中的色彩运用原理为学生讲解色彩搭配、色彩调和规律，并将其与新的创作相结合。画出学生的生活、画出新的时代、画出新的面貌将是本项目最为重要的创新点。

4. 教学方法与手段

讲解法：通过对思政元素艺术作品的讲解，向学生讲述这些艺术作品中的色彩因素是如何起到升华主体的作用的，同时结合具体的历史事件向学生讲述具有时代内涵的艺术因素。

提问法：在讲解具体画作时，启发学生对于思政因素艺术作品的兴趣。比如，这幅作品中都用到了那些颜色、使用这样的色调烘托了什么样的氛围等。

讨论法：在向学生初步讲授思政因素艺术作品与色彩学的关系后，可以设计讨论题：一是谈一谈你心目中的“中国红”，二是在我们进行创作时，什么样的色彩搭配有利于表现家国情怀？

教学手段包括：多媒体、图片、视频、实地考察。

（二）教学实践

1. 导入新课（直观导入法）

教师播放油画《开国大典》创作过程的纪录片，引导学生观看，并提问：视频中的场景描述的是哪一历史事件？是如何体现的？

由此引出思政因素绘画色彩课，导入新课——思政中的色彩。

设计理由：利用多媒体导入，有利于教师在授课过程中凸显美术课程的视觉性。从生活实际出发，建立了课本与生活的关联性，为接下来的新授环节奠定基础。

2. 新课讲授

（1）感知

①欣赏思政主题美术作品与中国传统色彩作品，初步感受美术作品中的色彩因素，让学生谈谈直观感受。

②用多媒体展示李可染作品《万山红遍》。提问：绘画中描述了一番怎样的山河景象？你心目中的中国传统色彩有什么特点？

学生回答后，教师总结：作者用鲜红的色调，描绘了祖国的大好河山。

设计理由：本环节运用直观感知，通过多媒体展示，让学生对本节课的新知形成初步认识。

（2）分析

①教师请学生进行自主观察，分析画面中的用笔、用色，进行画面的色彩构成分析，分析色彩对于画面烘托起到的作用。

学生自主思考后，教师对画面中的色彩与民族性进行梳理讲解，使学生明白色彩的情绪性功能。

②通过展示思政主题艺术作品的搜集渠道，教授学生如何收集作品，培养其自主获取资源的能力。

（3）示范

展示《长征路上》《南昌起义》《革命理想高于天》三幅作品，引导学生分析画面的色彩构成，使学生感受革命先烈的光辉色彩。

设计理由：本环节教师运用分析示范法，通过启发式的提问、讨论、观察能够充分调动学生的思考，将其带入学习情境，让学生自主地思考绘画作品的色彩搭配。

3. 实践展评

（1）布置实践作业

针对不同专业的学生有针对性地布置作业，比如造型专业的同学可以绘制油画及综合材料作品，而设计专业及师范专业可以进行一些手工创作，比如立体构成、帆布包及图形设计等。

（2）展示评价

①展示：举办一场以“我心目中的中国红”为主题的艺术作品展。

②评价：采取以自评为主，互评、师评为辅的评价方式。学生将作品一一摆放，从构图、色彩、主体性等方面进行相互评价。

教师在注重以评价鼓励为主的基调上，也需要针对学生的不足给出改进建议。

评价活动结束后让学生课后把作品放在档案袋中保存。

4. 进行小结及布置作业

①教师提问学生本节课的收获，进行小结及本节课情感、态度和价值观的教育。

②学生要在课下搜集更多的优秀美术作品，分析其色彩构成与主体性研究，以文字的形式记录下来，下节课进行分享。

（三）教学反思

①利用学生熟悉的作品、人物形象和故事情节展开课程思政教学，能起到更好的作用。《开国大典》是为人称道的艺术作品，振奋人心的场景、经典均衡的构图、明丽丰富的色彩组成了一幅永恒的画作。经教师课上的点拨，必能产生意料之中的教育效果。

②利用生动的形象开展课程思政，切忌干巴巴地说教。课程思政教学要取得预期的效果，就要采取恰当的讲授方式，而不能直接将观点强加于学生。在讲授过程中，由学生自然得出结论，水到渠成地受到教育。

③深入挖缺思政素材和资源，避免简单比附。教师要在素材、资源中发现思政因素，二者之间要有必然联系，讲到某处，稍一点拨，学生自然心领神

会，不需再作过多的阐释。

④课程思政要有盐溶于水的效果，将思政因素融入课堂讲解中，不露痕迹为上。同时，对学生的教育也在潜移默化、润物无声中完成。

“中外染织史”课程思政与丝绸之路中外纺织文化交流

完成人：宋炀　审核人：关立新

一、课程基本情况

课程名称：中外染织史

授课对象：材料与纤维设计专业大学生

课程性质：专业基础课

二、课程简介

“中外染织史”是我校纺织材料与设计学院材料与纤维专业学生的专业基础课，是必修的主干课。作为学习中外染织史论的途径，本课程以理论教学与实践联系相结合的方式展开教学。

“中外染织史”的课程内容将围绕中国染织艺术发展的历史时间轴和外国染织艺术发展的空间轴展开。例如，针对中国染织史的内容，教师将以历史时间为轴，为学生讲解秦汉、魏晋南北朝、隋唐、宋辽夏金元、明清时期的染织文化；针对外国染织史的内容，教师将以历史时间为纵轴，以丝绸之路为地理空间的横轴，为学生讲解古埃及、古希腊与古罗马、古波斯（安息帝国和萨珊波斯）、古中亚与西域、早期伊斯兰、早期拜占庭、中亚粟特、蒙古伊朗、拜占庭帝国中晚期、欧洲中世纪、古代日本、伊朗萨法维王朝、奥斯曼帝国、印度、欧洲文艺复兴、近代中亚、东印度公司与全球化等不同时间与地域的染织文化。

教师将从方法论的角度讲授中外染织史研究资料收集与整理的方法，包括文献调研、到博物馆参观实物、手绘服装效果图、实物复制等。

课程要求学生对中外染织史各个时期的历史背景与染织文化特征、丝绸之路各个阶段染织纹样的发展情况与代表性染织纹样（云气纹、祥禽瑞兽纹等）、代表性染织纹样的艺术特征及中外染织文化的交流互鉴。通过对中外染织纹样的学习和鉴赏，使学生对古今染织纹样发展史产生系统性的认知，并能够对一些经典染织纹样加深认识，以期在后期进行专业创作时加以运用和设计创新。

三、课程教学目标

（一）思政目标

本项目以建设“新丝绸之路经济带”和“21 世纪海上丝绸之路”的“一带一路”战略构想为时代背景，以国际显学“丝路学”研究为学术背景，在世界史视域下，结合北京服装学院在纺织学与设计学上的学科优长，推进丝绸之路艺术史的纺织业专题研究，在本科课程“中外染织史”的课程教学中，将中外纺织史知识借丝绸之路的文化交融史而融贯在一起，并特别关注于丝绸之路艺术史与华夏文明传播的相关研究。总之，以“丝路学”热点问题为出发点，站在国际化学术视野，从国家文化传播与交流角度，带领学生研究中外染织服饰文化传播交流历史，帮助学生习得“丝路之绸”专业知识的同时，使学生认识中国传统物质文化与非物质文化的先进性，及其在人类文化发展史中的作用与贡献，旨在培养学生的民族文化自信心，在教授专业知识的同时，帮助学生树立文化自信，培养爱国思想。

（二）教学目标

以国际显学“丝路学”研究为背景，在世界史视域下，“中外染织史”课程的研究与学习包括物质层面与非物质层面的内容，物质层面包括各种纺织品与服饰；非物质层面包括所有与服饰纺织品相关的文化，包括考古出土的、民间使用的、文献记载的和图像表现的染织服饰品。将从染织纹样的微观角度入手，带领学生从中观上把握中外染织史发展的脉络体系，从而让学生从宏观上认知中国在古代世界中的地位。通过课程教学，帮助学生建立较完整的丝绸之路中外纺织文化交流史的知识理论框架，并帮助学生认知中华民族传统文化在物质层面与非物质层面为人类文化进步发展做出的贡献，将高等学校课程思政建设的主旨思想巧妙融会在课程知识体系中，帮助学生树立民族文化自信，以古鉴今，通过古代丝绸之路上中外深度交融、共谋发展的案例分析与学习，使学生深切认知中国的崛起是一种温和的崛起，是与世界共赢的崛起，复兴与崛起是近代以来中华民族为之奋斗的重要目标。

四、课程基本内容及要求

本课程的基本内容及要求见表24。

表24 课程基本内容及要求

课程章节	知识点	课程思政教学知识点
第一章 丝路初拓：秦汉与魏晋南北朝染织史	云气纹与玄学思想、祥禽瑞兽纹等与汉代的五行学说	秦汉与魏晋南北朝时期的历史背景与染织文化特征、秦汉与魏晋南北朝时期丝绸之路初启的情况与丝路学习研究的意义、秦汉与魏晋南北朝时期代表性染织纹样（云气纹、祥禽瑞兽纹等）、汉晋时期丝绸之路上的中外染织文化交流
第二章 丝路初拓：各大纺织文明古国的染织史	古埃及的科普特织物，萨珊波斯与中国魏晋南北朝服饰纺织品的交流	古埃及、古希腊与古罗马、古波斯、古中亚与西域的历史背景与染织文化特征；古埃及、古希腊与古罗马、古波斯、古中亚与西域的纺织纹样与代表作品；丝绸之路初启阶段，中国与各大纺织文明古国间的纺织文化交流情况
第三章 陆地丝路的鼎盛：隋唐五代染织史	联珠纹、宝相花、卷草纹等	隋唐五代时期的历史背景与染织文化特征、隋唐五代时期丝绸之路鼎盛阶段的情况、隋唐五代时期代表性染织纹样（联珠纹、宝相花、卷草纹等）、隋唐五代时期丝绸之路上的中外染织文化交流的盛况与成果
第四章 陆地丝路的鼎盛：中世纪前中期世界各地的染织史	世界各国所缔造的纺织纹样及其与中国的交流	早期伊斯兰、早期拜占庭、中亚、古代日本的历史背景与染织文化特征；早期伊斯兰、早期拜占庭、中亚、古代日本的纺织纹样与代表作品；丝绸之路鼎盛的隋唐五代时期，中国与各大纺织文明国家间的文化交流情况
第五章 丝路转型期（从陆地到海洋）：辽宋夏金元染织史	几何纹、植物纹、纳石失、异文锦、瑞兽纹等	宋辽夏金元时期的历史背景与染织文化特征，宋辽夏金元时期丝绸之路转型阶段的情况，宋辽夏金元时期代表性染织纹样（几何纹、植物纹、纳石失、异文锦、瑞兽纹等）、隋唐五代时期丝绸之路上的中外染织文化交流的盛况，蒙元帝国对丝绸之路的贡献及蒙元时期中国与蒙古伊朗的纺织文化交流

续表

课程章节	知识点	课程思政教学知识点
第六章　丝路转型期（从陆地到海洋）：中世纪晚期世界各地的染织史	蒙古与伊朗、拜占庭帝国中晚期、西欧诸国、古印度的纺织纹样与代表作品	蒙古与伊朗、拜占庭帝国中晚期、西欧诸国、古印度的历史背景与染织文化特征；蒙古与伊朗、拜占庭帝国中晚期、西欧诸国、古印度的纺织纹样与代表作品；在丝绸之路转折期，中国与各大纺织文明国家间的陆上丝绸之路与海上丝绸之路文化交流情况
第七章　海上丝路与全球化：明清染织与世界染织史	几何纹、吉祥纹样、大洋花、“中国风”纹样等	明清的历史背景与染织文化特征，明清时期海上丝绸之路的拓展与纺织贸易带动的全球化，明清时期代表性染织纹样、明清时期海上丝路的中外染织文化交流盛况，大国崛起与海洋纺织贸易，东印度公司与棉花帝国
第八章　中外染织史综述	总结和强调中国染织史的文化特征与学习方法	对整门课程讲述的内容进行提纲挈领性的梳理，总结和强调中国染织史的文化特征与学习方法，解析丝绸之路的研究意义与中外染织跨文化交流对于现时代的文化启发

五、课程思政教学设计

（一）教学设计

首先，明确“中外染织史”课程思政建设与丝绸之路中外纺织文化交流研究这一课题的研究对象与研究价值。研究对象包括物质层面与非物质层面的内容，物质层面包括各种纺织品与服饰；非物质层面包括所有与服饰纺织品相关的文化，包括考古出土的、民间使用的、文献记载的和图像表现的染织服饰品。其一，从经济上，以丝绸为主的纺织品行业是农业古国从业人口最多、产值最高的行业，行业的发展直接关乎国计民生。其二，政治上，中外古代的等级制度鲜明地体现在染织服饰用品上。其三，技术上，纺织机械和技术的发展直接体现着社会生产力发展的水平。其四，艺术上，染织服饰比其他工艺美术品更具有时代社会文化属性和人体展示性，甚至直接影响其他工艺美术装饰风格的发展。其五，文化上，丝绸之路以丝绸为名，丝绸是研究古代中外世界格局与国家关系的重要物质文化视角。综上，从以上五个角度和研究意义上重点讲解中外染织史。

其次，设立本思政课程的授课与研究内容的框架。一是空间范畴。本研究所指的丝绸之路是一个广义的空间概念，即以纺织品贸易为轴线的古代中外文化交通道路，其包括草原丝路、绿洲丝路和海上丝路之间所有的、以欧亚大陆为核心的所有纺织贸易与文化交流的空间。从整个中外纺织文化交流史来看，“陆上丝绸之路”与“海上丝绸之路”各具研究重点。但除了地理空间的概念，本课程所指丝绸之路更倾向于一个架构于古代中外跨文化交流基础上的文化概念。二是时间范畴。四次丝路历史上中外交往的高峰期助力形成了丝路文明的核心。本课程即以四次高峰期为划分篇章的依据，各部分具体时间段及研究内容如下：

第一部分，陆地丝绸之路的初期奠基期和成熟期（公元前 3 世纪—公元 6 世纪）。此时为中国历史的秦汉与魏晋南北朝时期，此期中外间的纺织文化交往以中国与古希腊罗马、古波斯、中亚与狭义的西域（今新疆）、贵霜帝国之间的交流为主。

第二部分，陆地丝绸之路的鼎盛期与发展期（公元 7 世纪—10 世纪）。此时为中国历史的隋唐五代时期，此期中外之间的纺织文化交往以中国与早期东罗马拜占庭帝国、早期伊斯兰帝国波斯与阿拉伯帝国（大食）、中亚与西域、印度、日本之间的交流为主。

第三部分，丝绸之路的重要转型期：从陆地丝路到海上丝路（公元 11 世纪—14 世纪）。时间段为中国历史的辽宋夏金元时期，此期中外之间的纺织文化交往以中国与蒙古伊朗和帖木儿帝国、中晚期拜占庭帝国、西欧之间的交流为主。

第四部分，海上丝绸之路的勃发期与全球化（公元 15—18 世纪）。此时为中国历史的明清时期，此期中外之间的纺织文化交往以中国与伊朗萨法维王朝、奥斯曼帝国、印度、东南亚、以法英为代表的西欧诸国之间的交流为主。

（二）教学实践

以课程思政为主旨，重构原有的“中外染织史”课程体系，将课程知识体系的研究重点建立在中外纺织跨文化交流的基础上，加强中外纺织文化的双向交互学习内容，并打破原有课程知识“中外分立”的内容局限，从“跨文化艺术交流史”的角度，综合运用传播学、比较学、图像学、民族志等方法，创新性地开启了中外纺织文化研究的新学术视角。具体教学研究框架为：

第一章　丝路初拓：秦汉与魏晋南北朝染织史

秦汉与魏晋南北朝时期的历史背景与染织文化特征、秦汉与魏晋南北朝时期丝绸之路初启的情况与丝路学习研究的意义、秦汉与魏晋南北朝时期代表性染织纹样（云气纹、祥禽瑞兽纹等）、汉晋时期丝绸之路上的中外染织文化交流。

第二章　丝路初拓：各大纺织文明古国的染织史

古埃及、古希腊与古罗马、古波斯、古中亚与西域的历史背景与染织文化特征；古埃及、古希腊与古罗马、古波斯、古中亚与西域的纺织纹样与代表作品；丝绸之路初启阶段，中国与各大纺织文明古国间的纺织文化交流情况。

第三章　陆地丝路的鼎盛：隋唐五代染织史

隋唐五代时期的历史背景与染织文化特征、隋唐五代时期丝绸之路鼎盛阶段的情况、隋唐五代时期代表性染织纹样（联珠纹、宝相花、卷草纹等）、隋唐五代时期丝绸之路上的中外染织文化交流的盛况与成果。

第四章　陆地丝路的鼎盛：中世纪前中期世界各地的染织史

早期伊斯兰、早期拜占庭、中亚、古代日本的历史背景与染织文化特征；早期伊斯兰、早期拜占庭、中亚、古代日本的纺织纹样与代表作品；丝绸之路鼎盛的隋唐五代时期，中国与各大纺织文明国家间的文化交流情况。

第五章　丝路转型期（从陆地到海洋）：辽宋夏金元染织史

宋辽夏金元时期的历史背景与染织文化特征，宋辽夏金元时期丝绸之路转型阶段的情况，宋辽夏金元时期代表性染织纹样（几何纹、植物纹、纳石失、异文锦、瑞兽纹等）、隋唐五代时期丝绸之路上的中外染织文化交流的盛况，蒙元帝国对丝绸之路的贡献及蒙元时期中国与蒙古伊朗的纺织文化交流。

第六章　丝路转型期（从陆地到海洋）：中世纪晚期世界各地的染织史

蒙古伊朗、拜占庭帝国中晚期、西欧诸国、古印度的历史背景与染织文化特征；蒙古伊朗、拜占庭帝国中晚期、西欧诸国、古印度的纺织纹样与代表作品；在丝绸之路转折期，中国与各大纺织文明国家间的陆上丝绸之路与海上丝绸之路文化交流情况。

第七章　海上丝路与全球化：明清染织与世界染织史

明清的历史背景与染织文化特征，明清时期海上丝绸之路的拓展与纺织贸易带动的全球化，明清时期代表性染织纹样（几何纹、吉祥纹样、大洋花、

“中国风”纹样等)、明清时期海上丝路的中外染织文化交流盛况，大国崛起与海洋纺织贸易，东印度公司与棉花帝国。

第八章　中外染织史综述

首先，对整门课程讲述的内容进行提纲挈领性的梳理，总结和强调中国染织史的文化特征与学习方法概述，解析丝绸之路的研究意义与中外染织跨文化交流对于现时代的文化启发。

其次，加强思想政治学习内容在课程教学中的传授，将思想政治教育与文化知识教学水乳交融，帮助学生树立正确的思想政治观与文化价值观。

最后，课程建设的具体成果将呈现为：以本教学改革项目为基础，建构起名为“丝绸之路中外染织文化交流史”的本科教学课程体系。

(三)教学反思

经过一个学年“中外染织史”课程思政教学，在理论教学中结合中外染织在艺术设计与技术文化交流中的具体知识，和学生共同总结出在课程中探索中外染织文化交流的意义：

①了解异域文化对中国文化借鉴学习与接纳吸收的过程，有助于我们理解中国文化的“全球性”。

②理解物质文化传播的“同类相吸”原理，即同类型的纺织文化容易被文化传播的接受方所接受和吸纳。

③不同的文化传统如何融合，进而产生新的活力，是值得思考的问题，兼容并包的胸襟和消融改造的能力是文化发展的动力。

④认识艺术是人类共同的沟通语言，这也是艺术表达的独特价值。

在课程中，学生们学习到在“民族史”与“全球史”双重视域下的中外跨文化交流史知识。通过教学与研讨，课程充分论证了本次思政教学的主旨议题：从艺术设计史的角度阐释人类文化共通性，及古代中国为世界文化发展做出的积极贡献。这一议题与我国倡导和平崛起与文化自信的国家文化建设目标相呼应。

公共艺术专业版画课程思政教学设计

完成人：吕江　审核人：关立新

一、课程基本情况

课程名称：壁画设计与工艺（版画）
授课对象：公共艺术专业大学四年级学生
课程性质：专业课

二、课程简介

（一）课程内容

教授学生木版画与铜版画创作的基本知识和基本专业技术手段，让学生掌握凹凸版画艺术发展简史，提高学生艺术创作素养和品位格调，为学生今后的专业创作提供丰富技术手段，为后续专业延展奠定基础，有益于其将来的公共艺术创作。

（二）课程特点

技术操作性很强，讲究实践和个人体验，重视工作安全与工作条理，强调材料工艺。

（三）课程所获奖项

学生李亚欣铜版作品《向阳》荣获中国高校美术优秀作品奖三等奖。

（四）课程参考书目

本课程所用参考书目包括王华祥主编的《版画技法》、杨锋著的《综合材料版画技法》、闫辉著的《铜版画制作》。

三、课程教学目标

（一）思政目标

对学生落实德育和思想教育，帮助他们在创作实践中实现思想观念的提升与积极进步，促进他们真正全面发展，将创作与生活现实联系起来，使学生言之有物，充满真实的活力和思想性，从而帮助学生树立积极正向的生活观、创作观、人生观、价值观，将德育、美育教育落实于课程实践中，实现“三全育人”的目标。

（二）教学目标

教授学生木版画与铜版画创作的基本知识和基本专业技术手段，让学生掌握凹凸版画艺术发展简史，提高学生艺术创作素养和品位格调，使他们在民族立场上更深刻理解中国美学与中国风格的视觉创作，更好地服务于城市公共艺术的发展。

四、课程基本内容及要求

本课程基本内容及要求见表25。

表25　课程基本内容及要求

课程章节	知识点	课程思政教学知识点
第一章　版画艺术概论	版画艺术的分类与中国现代版画简史 不同版种艺术的特点与基本制作工具材料 版画艺术的进步宣传功能与战争及和平时期的不同作用 当代版画艺术的发展和民族文化自信 赏析和学习优秀作品	爱国情怀、正确信仰 民族意识、社会责任 文化自信、专业担当 技艺磨炼、品学兼优 家国天下、格调胸怀 视野格局、宏观思维 心有人情、关注现实
第二章　版画的创作与制作工艺	版画的创作构思与草图 材料工具及工艺的准备：材料选择与处理、刻制刀具的选择与磨制、版面材料处理与打磨、刻制技术与实践练习 反转画稿与拓稿 操作工艺技法与版面制作	严谨理性的专业态度 珍惜物材的环保理念 虔诚务实的技艺之心 德育美育的自省觉悟 认真敬业的工作准则 耐心细致的实践作风

续表

课程章节	知识点	课程思政教学知识点
第三章　版画印制工艺与实践操作	油墨选择与黏度改善 调墨与打墨 上墨与擦版 纸张处理工艺 印制工艺流程	中国美学、重视传承 文化立场、深挖传统 民族精神、民族风格 中华气息、意蕴内涵
第四章　课程总结	作品后期整理与签名 作业讲评和课程总结	重视反思、善于总结 立足当下、国际视野 响应号召、付诸实践

五、课程思政教学设计

（一）教学设计

文艺工作者要坚持以人民为中心的创作导向，努力创作更多无愧于时代的优秀作品，弘扬中国精神、凝聚中国力量，鼓舞全国各族人民朝气蓬勃迈向未来。2016年，在全国高校思想政治工作会议上点明了“高校立身之本在于立德树人”；2020年教育部印发的《高等学校课程思政建设指导纲要》（教高〔2020〕3号）中明确指出：“要在课程教学中教育引导学生立足时代、扎根人民、深入生活”。这些重要的信息都揭示了对于全国高等教育而言，一个崭新时代的开启和到来，即在全国范围内的各高校各院系各专业各课程的教育教学，都将明确而有依据地展开有效的思想政治教育工作，也正因此，如何在对于国之发展至关重要的人才培养中融入课程思政教育元素就成为思索和研究的重点。

版画是我国高等美术教育中的传统门类，也是我国非遗研究的重要组成部分，在“国油版雕壁”这样的传统美术教学分类中占有重要的一席之地。版画以“版”为根本媒介，可以通过不同版材和相应制作工具，运用极为丰富的技法来实现别具一格的视觉语言，具有独特的审美效果。公共艺术作为一门有跨界性质的综合性艺术学科，需要学生具备多个知识领域的相关知识，尤其在动手能力上要求他们能够掌握一定的材料工艺类知识和相关技术，版画课程因此对于北京服装学院的公共艺术专业是重要的工艺技法类课程之一，课程的设置目的就是为学生提供更为全面丰富的公共艺术创作手段和创作形式。版画的可复制性、传播性对于未来城市公共艺术的创作设计具有重要研究价值和拓展潜力，在一个社会主义现代化大国的各级城市的公共艺术创作里复制什么与传播什么是当前对于城市公共艺术所要思考的重要问题。城市体系公共空间中的文化导向与文化立场的健康与进步必然直接影响受众的文化观念及状态，版画的可复制性与传播性可以很好地为之提供服务。我国当前正处于全国高校大力推行课程思政教育教学的关键阶段，高校人才的培养对于国之发展和未来世界局势有着极其重要深远的影响和意义。对高校版画课程教学而言，全面重视立德树人的人才培养观是当下刻不容缓的工作重心之一，对新一代学生落实德育和思想教育，帮助他们实现思想观念的提升与进步，促进他们真正全面发展，使该专业的学生成为国家需要的未来城市公共艺术的创作者，这对于城市文明形态和观念导向的建设发展的意义不言而喻。

该课程的教学设计重点在于对学生创作思考阶段的教学和指导。这是确定创作题材、内容、形式、效果的总体规划阶段，相比后期操作实践工艺阶段，该阶段是集总揽性、规划性、目的性、设计性、思索性、选择性等于一身的课程核心阶段，也是展开思政教学的核心阶段，很多知识点可以通过该阶段有力地传输给学生，收获良好的教学效果。

（二）教学实践

在教学实践中，教师要大力把握住该阶段的课程教学特点，集中力量在以下四个方面做扎实、做到位，以求将中华民族的优秀传统文化基因和现代以来中华民族涌现出的文化进步精英们在长期艰苦革命斗争中不懈努力所累积的红色版画艺术基因植入学生的学习收获中。

1. 开拓创作题材的社会历史化

结合全国范围内重视党史学习的背景形势，在课堂教学中重新认识学习与关注社会历史的重要性，是解决学生创作题材空洞、泛泛的有效方式。以课堂交流分享会结合调研汇报的方式来完成教学，教师通过听取学生汇报陈述和集体分享探讨交流的方式，来对每位学生的创作题材选择进行引导和把控，社会历史包罗万象，丰富翔实，通过马克思辩证唯物主义观的对比分析和思辨批判，可以从中获得成长所需的无尽养分和力量，以史为鉴，可以明己，可以在茫然中看清前进方向，可以在无知中找到参照依据和经验。对于艺术创作而言，要突破个人小视野、小情怀的局促，以解决不知表达什么和表达缺乏力度深度的首要问题。从现实教学中看，由于个人成长经历的单一，学生缺乏阅历，少有深入社会形成的对生活的深刻认识与眼界，在创作题材上的匮乏急需这样的课程思政教学推动。重读历史，让创作题材扎根历史，从国家深厚的文化积淀中寻找适合自己的创作契机和灵感来源，从近现代史的民族抗争中寻找作为中华儿女的民族自信和创作能量，从新中国发展史寻找关系当下社会民生的现实成果来创作，让创作与家国天下的历史责任感相连，走出闭门造车的虚无和空洞，做有内容的创作。

2. 鼓励创作题材的现实表达化

在城市公共艺术创作设计中，创作者不可避免地要考虑社会责任与历史使命，在创作思考的维度和方向上要比个人艺术表达更加侧重多数人利益的公共性需求。面对艺术与广大受众的互动交流问题，现实题材的选择与表达无疑更有利于解决这一问题，让受众看得懂，能够鼓舞和引导受众在精神文化层面上向上发展、积极健康地发展、在符合国家发展需要的层面发展。正如历史上的墨西哥壁画运动和苏联城市壁画发展所起到的功用那样，大量运用民众能够通俗读懂的元素来创作，紧扣身边现实，为营建一个整体进步、积极、活跃、健康的城市环境格调与氛围而考虑。因此在教学中鼓励学生大力挖掘身边生活细节，回忆他们成长经历中印象深刻、感受丰富的细节来进行放大创作，学习我国革命年代那些杰出的版画艺术家们紧随现实的创作观念，将自己的创作与国家民族的发展当下紧密相连，不提倡臆想和抄袭。

3. 启发创作题材的深刻多样化

城市文明的建设应避免单一，丰富精神文明生活，高等教育中也应该着力实现这样的教学目的，学生在创作中如何避免空洞的模式化创作，消除创作表达的肤浅问题，拓宽创作题材的域面，展现大学生对社会现象的思考深度是课程思政进入课堂教学所要解决的问题之一。社会生活是复杂多样的，国家建设与发展更是丰富和多向的，要跟上这样的客观，让创作走出臆想的小我，与国家、人民的命运联系起来，让创作充满真实的活力和具有思想性，这样的作品才会更耐看、更耐读。在课堂教学实践中，这需要教师对学生做到具体问题具体分析，与学生共同创作，参与到他们的创作思维中，积极展开交流与讨论，反复改稿，打磨细节，促使学生形成创作风格，鼓励深入推敲的创作风气。在这样的教学中，掌握举一反三的创作教学路径是很有益处的，例如，参考中央美术学院王华祥老师的“一版三十二刻”训练方式，授课教师实行“一稿多变”的创作实践，对原始方案稿加以不同风格、技法、转变黑白灰关系、使用不同造型语言来尝试挖掘表现可能，启发、引导学生从不同角度、不同深度去理解、揣摩对象素材。

4. 提升创作题材的积极进步化

中国现代版画艺术自鲁迅先生大力扶持以来，在党的带领下已充分显示出强大的宣传、推广、号召力量及作用，发展至今，我国版画艺术在作品数量、质量、人才涌现上早已硕果累累。版画前辈们在题材的选择上一直紧随民族和国家的命运，今天的高校教学里不应失去这样的优秀基因与传统，乐观向上、积极进步本来就是青年学子该有的面貌。今天的社会环境比起过去更加复杂，教师要帮助学生加以辨识和选择，找准自己的立场和定位，正确判断和认知自身，不辜负韶华和时光，在自己的版画作品中大力弘扬这样朝气蓬勃的进取气质和生命活力，主动积极地选取那些蕴含正向能量的创作题材和内容，摒弃学生身上的负面情绪和需要引导的观念情绪，展现一代新人与党、与国家、与人民共命运、共前进的时代风貌，是课程思政化教育的重要使命。

（三）教学反思

当前的艺术创作观念经过现代艺术的发展已经显示了多样化特点，各类风格流派、思想意识都会对学生的学习产生不同影响。在现实教学中常见学生效仿各家，这是学习的必要途径之一，但有目的地指导他们走出效仿进行独立创作，重视创作的自我思考价值则更加重要。学习效仿和保持清醒认知并不矛盾，现实中前者是需要的，但对后者的重视更加要提倡。对艺术的风格、语言、手法、技术等效仿是学习，可以防止创作上因故步自封而灵感枯竭，但“艺术来源于生活”，艺术首先必须具有生活气息，高高在上地闭门造车也许可以创作一些艺术，但一定不能在现代城市公共艺术创作中满足多样的创作需求和产生理想的创作效应。美术史上经典的作品灵感都是出自民众生活中，即使出自神话或传说志怪，也体现了民众社会生活的结晶。优秀的艺术需要优秀的艺术家创造，但归根结底还需要有能够看懂和解读这份艺术创造的受众，而要实现这一点，又需要创作者重视现实考据和实地调研，讲究作品细节的重要性和逻辑性，需知交流本来就是艺术创作的一部分，这种需求就决定了创作者必须深入生活，树立正确的创作观念，走出个人小天地，打开格局、打开视野。

文化思潮的变化、文化内核的建立、文化导向的影响，这些对社会的健康发展至关重要，不可不察。在我国经济社会快速发展的同时，社会文化生活中的一些不良趋向和问题也相应出现，某些文化失范、道德失衡、心理失常的现象成为时下人们议论的焦点，并引起有识之士的担忧与思考。文艺与生活的关系，是最基本并一再被强调的文艺理论话题。在现实中，脱离生活、想当然的甚至带有其他政治文化目的的现象屡现不绝。这些对于我们的城市文化建设目标而言是要警惕和防范的。艺术家投入生活实践，付出心血和辛劳，甚至放下“贵族式”的身段是非常重要的创作观念，真正要在社会生活中有所收获，并不仅是获取一些信息、观察一些实景、画一些写生、拍一些照片那样简单，而是要对生活有所了解、有所体验、有所思考。由于版画的可复制性与易于传播属性，我们要思考如何将传统版画从艺术家的工作室、美术馆、拍卖行中带入广阔社会生活的公共空间艺术创作中，利用好这些属性，必须在创作观念上转向面向人民大众，重新重视与民众的互动交流，让创作的重心和目的回归大众，将艺术的社会功用性重新还给社会，这对于城市公共艺术而言，是非常重要的。因此在该专业的教学中，课程思政教学具有重要的积极意义，育心灵、育德行、育观念正是其中之重。

1. 存在的问题

①因版画本课程的课程思政教学还处于探索和尝试阶段，需要对专业课教学中的德育、美育元素进行深入挖掘和研究。

②课程建设在硬件和部分软件方面还需要极大投入，公共艺术教学设备等方面需提高水平。

③落实建设课程思政大氛围环境的支撑和评价体系还需要深入进行细节化建设。

2. 改进思路

①教师要尽快把握课程思政的科学的处理知识传授与价值引领之间的关系。努力弥补对课程思政认识上的不足。

②建立服务学生的教学理念，向以学生为中心的教学方式转变。教师要努力做到了解学生，了解学生的兴趣点，以喜闻乐见的题材开展潜移默化的教育；同时要及时了解学生的个性，努力做到因材施教。这也是实践中的难点

和重点。

③对于授课教师而言，推进课程思政改革必然要大幅度增加工作量，课程的总体设计、教材的二次开发、教案的撰写以及思政理论的学习和培训，都要付出大量的时间和精力。因此高校主管部门应该对课程思政改革进行顶层设计，包括建章立制、统筹布局、设计路线和加大资金投入等，通过对实践课程思政的课程大力扶持并予以教师评审晋升的支持，调动教师参与课程改革和实践的积极性。

美术学院绘画（师范）专业“民间美术”课程思政践行研究

完成人：翟鹰　审核人：关立新

一、课程基本情况

课程名称：民间美术

授课对象：本科绘画（师范）专业学生

课程性质：学科基础课

二、课程简介

民间美术是装饰艺术的母体，有着深厚的人文积淀与地方特色，教学中让学生熟悉民间美术经典作品及代表艺术风格并通过构图、造型、夸张手法、色彩、技法、材料等艺术实践逐步掌握相应的艺术表现形式。本课程的目的在于促使师范专业方向学生合理地继承与发扬光大民间美术中那鲜活的审美诉求与朴素的情感表达。

“民间美术”课程特点是独立的装饰审美体系与手工操作技能，本课程强调动手能力的同时注重民间美术的审美情趣与吉祥寓意的研究，这也构成了民间美术生生不息、丰富多彩的艺术面貌。

三、课程教学目标

（一）思政目标

通过对民间美术的学习，使学生增添对祖国文化遗产的敬畏与自豪，同时，也增进对民间美术的认同与自信，深入民间拉近与群众的距离，也更具有亲和力与接地气，更能深入理解与体察艺术的人民性这一核心问题。

（二）教学目标

通过对民间美术具有代表性的艺术表现形式与技能的了解与尝试，学生能够较系统地掌握民间美术的审美取向，从而提高装饰美感、表现技能及鉴赏能力。

四、课程基本内容及要求

本课程基本内容及要求见表26。

表26 课程基本内容及要求

课程章节	知识点	课程思政教学知识点
第一章 民间美术概论	第一节 民间美术发展史 第二节 民间美术的艺术特征 通过本章的学习使学生熟悉与领会民间美术发展演变的历史规律与艺术特征	通过对民间美术历史发展的了解以及民间美术原生态的溯源，激发学生对民间美术对兴趣与热情，使学生产生对中国文化遗产的敬畏与自豪
第二章 民间美术的艺术表现	第一节 民间美术表现技法 1. 民间美术的表现特色 2. 民间美术的选材特点 3. 民间美术表现的工具材料 第二节 中国民间美术艺术鉴赏 1. 造型 2. 色彩 3. 构图 4. 寓意 通过对本章的学习使学生熟悉与掌握民间美术创作夸张的表现技法并结合自身特点与优势摸索与尝试契合自己的艺术表现风格	通过本章的学习，学生进一步了解民间美术朴实单纯、热情洋溢的审美特征，从而更亲近故土与人民，更热爱这块祖祖辈辈生活的、生生不息的土壤与珍惜亲情
第三章 民间美术创作	第一节 脸谱创作 1. 脸谱与生活的关系 2. 脸谱的艺术特征 3. 脸谱的夸张手法 第二节 剪纸创作 1. 剪纸的艺术特征 2. 剪纸表现技巧 3. 剪纸的艺术风格	通过本章的学习，学生能够独立进行民间美术创作，同时，深入体会民间美术创作中那种朴实单纯、热情洋溢的纯真与浪漫，感同身受拉近与人民群众的距离，体会到艺术的人民性这一核心问题

续表

课程章节	知识点	课程思政教学知识点
第三章　民间美术创作	第三节　农民画创作 1. 农民画的艺术特色 2. 农民画的表现特点 3. 农民画的审美情趣 通过本章的学习使学生逐步掌握民间美术创作的基本艺术规律并在实践中协调与把握好民间美术创作的夸张、取舍、强调等艺术手法的运用	通过本章的学习，学生能够独立进行民间美术创作，同时，深入体会民间美术创作中那种朴实单纯、热情洋溢的纯真与浪漫，感同身受拉近与人民群众的距离，体会到艺术的人民性这一核心问题
第四章　民间美术作品赏析	第一节　剪纸、皮影、年画、农民画 第二节　民间玩具、京剧脸谱、布艺、风筝 第三节　扎染、蜡染、刺绣、竹编	通过本章的学习，学生开阔视野，提高对民间美术的认识，也增进对民族土壤文脉与人民大众血脉的联系，对人民的创造力的敬畏油然而生

五、课程思政教学设计

本文以课程开始阶段为例说明课程思政教学设计，主要内容如下：

民间美术是独立于传统美术与西方美术之外的又一大体系，它孕育自民间肥沃的土壤，在这片土壤上，地域绿色生态环境的发展基因因袭传承、生生不息，人们的喜怒哀乐、祝愿祈福洋溢其中、融入血脉，永葆厥美。

民间美术是装饰艺术的母体，促进了装饰艺术的产生与发展。装饰艺术中许多原生态的朴素语言正是发自民间美术这一温床，如原始的编织装饰艺术、印染装饰艺术、刺绣装饰艺术、剪刻装饰艺术及彩绘装饰艺术等均经过民间艺术的文脉洗礼。

本课程引导学生深入体察民间美术创作的原始冲动，深入了解民间艺人们手工技艺的程式化妙处，更进一步理解民间美术深层次文脉指向，包括祈福吉祥、单纯质朴、纯粹浓郁与谐音寓意的艺术表现特点等。

“民间美术”课程通过剪纸、皮影、年画、农民画、刺绣、泥玩具、扎蜡染、风筝、竹编、布艺等艺术品类来引导学生渐入佳境、步入民间美术的殿堂。学生们根据自己的兴趣与偏好选择以上艺术品类中的三种作为实践的切入点，课程结束时学生们往往会产生成就感与意犹未尽之憾。

课程思政靠情感传递而不是靠说教硬灌，好似带着温度的和风细雨感化着学子们的心灵。

民间美术区别于传统美术与西方美术，有着自身的生存土壤环境与渊源体系，她是装饰美术的母体，也是美育中不可或缺的重要组成部分。尤其是师范专业的学生更应从民间美术中汲取营养，丰富自身的艺术表现技能与审美趣味，从而开阔视野、丰富修养，全面提升审美素质与综合能力。

针对美术学院绘画（师范）专业增设的“民间美术”课程旨在扩大学生的艺术视野，丰富其表现技能与审美领域。先后讲授诸如剪纸、皮影、泥玩具、年画、农民画、刺绣、扎蜡染、脸谱、风筝等品类技能，其中剪纸、泥玩具、年画、脸谱、刺绣和农民画是创作的重点，也激起了学生的广泛兴趣与热情。民间美术是依附于特定的民族文化土壤自然孕育出的，世代传承、生生不息。其朴实单纯的审美基因与浪漫天真的想象是其发展传承的审美特质。

在教学中以剪纸艺术作为民间美术入门的基础与敲门砖，在学习剪纸技能的过程中，学生了解与掌握了民间美术的造型诀窍，对物像形态的自由想象、夸张、变形殊异于美术常规教学中描摹物像的传统技能，这种发散性思维方式的获得与学院式描摹习惯甚至是背道而驰，需要付出很大的气力方能成功转型与适应。因此，在教学中，教师通过一定的启发与引导将学生送入自身发展的艺术轨道，学生可以根据自身的偏爱与兴趣来调整努力方向。从课程作业来看，学生付出的努力与热情得到了很好的回报，经过自己的创作，学生感受了民间美术的魅力与艺术创造的成就感，更加激发深入民间“探宝”，虚心向民间艺人们学习的热情。

从艺术史中不难发现，许多艺术大师都有向民间学习的案例，如艺术大师齐白石就是从民间走来，早年是一名雕花木匠，具有朴素的民间审美情感，后在友人陈师曾的启发下衰年变法，将文人画与民间审美情趣结合起来创出了独特的“红花墨叶派”风格，成为一代宗师。另一位艺术大师林风眠是学院派出身并早年赴法国学习油画，后在其导师的启发下到东方博物馆观摩学习，回国后创出了一条中西合璧的融合之路，其笔下的彩墨画成为具有时代特征的中西方结合孕育出的艺术佳作。艺术大师们的民间探宝之路对我们不无启示，民间美术的沃土是催生现代艺术的土壤，更是可持续发展的艺术生态天堂。

“问渠哪得清如许，为有源头活水来。”通过民间美术教学与课程思政内容的熏陶，学生仿佛经历了民间沃土的滋养，在其绿色生态中开启心灵的远航。

在今天网络化与全球人类命运共同体新时代，如何整合、调动优势资源走课程思政特色之路是摆在教育工作者面前的时代命题。北京服装学院美术学院结合自身资源优势，继承中华优秀文化艺术遗产，遵照北京市政府委托培养中小学美术教师计划制订一系列切实可行的培养方案，针对绘画（师范）专业实际需求与社会调研的反馈结果，在课程设置中率先增设了“漫画”“绘本与插画”“装饰表现技法”“民间美术”“艺术考察与写生”等课程，不失时机地为学生们播撒美育的种子，使学生们在丰富知识结构、扩大艺术视野、提高表现技能的同时，心悦诚服地接受美育的洗礼，使课程思政潜移默化、润物无声且深入人心，有利于学生们身心全面发展，更有利于学生将来适应中小学美术教师岗位，以圆满完成北京市政府交给的培养项目，为北京市文化教育发展战略作出应有的贡献。

（一）教学设计思路

我校首次培养艺术师范生，机遇与挑战并行，这弥补了我校培养师范生的空白，学校将此项目交给美术学院来完成，也是展现美术学院综合实力的实战机会。我们通过走访调研深入论证比较了在京的师范高校或专业的优势与特点，结合我校的自身资源优势得出了结论——坚定走北服特色之路，扬长避短，培养凸显我校资源优势的艺术师范生。

美术学院绘画（师范）专业培养项目已开展四年了，各门课程教学也在紧锣密鼓地进行。反思数年来美育改革创新所走过的路程与功过得失，尤其是从学生反馈中所反映出的教学效果上看，课程思政特色是其中不可或缺的重要因素。

对于师范生培养而言，课程思政教学尤其显得重要，它关系到教育下一代身心健康成长的长久之计，因此，积极、朴素、健康的审美观培养就成为当务之急。

笔者作为本项目负责人颇感任重道远，制订培养方案、课程设置、教学大纲、师资配备、建立实习基地等一系列举措均要求落实到位，笔者始终抱有一个初心：虽然我院师范教育起步较晚，但应扬长避短、突出美育特色，继承中华优秀文化艺术，彰显美术学院的资源优势。我们通过社会调研与走访师范院校更加坚定了走自己美育特色之路的信念，因此，在绘画（师范）专业课程设置中就加入了几门特色课程，在课程思政教学中突出美育并将其潜移默化地融入其中，既打破了既往的传统课程设置瓶颈，又突出了美术学院绘画（师范）专业的美育特色，现将其设置特色课程与进行课程思政教学改革创新的历程分享给同仁，以求抛砖引玉。

（二）教学实践

本文以第一章“民间美术概论”为例，阐述教学实践。本次教学主要目的是使学生通过本章的学习，熟悉与领会民间美术发展演变的历史规律与艺术特征。通过对民间美术历史发展的了解以及对民间美术原生态的溯源激发学生对民间美术对兴趣与热情，产生对中国文化遗产的敬畏与自豪。

具体教学方法、教学过程以及如何体现课程思政效果等分为五点陈述如下：

1. 课程思政教学应从“审美”入手

对于从事艺术专业的学生进行课程思政教学最便捷的途径就是从“审美”入手，通过审美训练引导学生提高审美修养并逐步走入审美佳境。所以，能让学生发自内心地敬畏与仰慕祖国的优秀文化就达到了美育的目的，其课程思政教学效果比喊几句口号来得更务实、贴切。

2. 课程思政教学应与专业学习相结合

学生基本上有一个共识就是学好专业是本分，因此，课程思政教学倘若与专业学习有机地结合起来就会收到事半功倍的效果。实践证明，在专业学习的同时进行美育的引导会使学生顺应美的召唤，自然而然地按其预定的轨道接受美的洗礼。

3. 课程思政教学应以“润物细无声”的方式播撒美的种子

课程思政教学犹如在土地上播撒优良健康的种子，经过精耕细作，自然春华秋实。本课结束时，学生均感到意犹未尽，创作欲也空前高涨。学生深深地体会到敦煌艺术的精美与祖国传统文化艺术成果的伟大与丰富，震撼与敬畏之感油然而生。课程思政教学获得了“润物细无声”的功效。

4. 课程思政教学犹如春风化雨般滋润学子们的心灵

课程思政教学靠情感传递而不是靠说教硬灌，好似带着温度的和风细雨感化着学子们的心灵。“问渠哪得清如许，为有源头活水来。”通过民间美术教学与课程思政的熏陶，学生仿佛经历了民间沃土的滋养，在其绿色生态中开启心灵的远航。

5. 课程思政教学应遵循艺术发展规律倡导个性化发展

学艺术的学生基本上都较有个性，对其进行课程思政教学就要尊重其个性特点，量身定做、因材施教。“梅花香自苦寒来”，学生通过本课程的创作训练，掌握了绘本与插画创作的特点与技能，为美术学院绘画（师范）专业的学生将来适应中小学美术教师岗位再添一手看家本领。

由此可见，在个性化因材施教基础上发展起来的课程思政教学更务实亦更持久，并将会影响学生今后的人生之路。

（三）教学反思

本课程经过细致周密的课程思政教学设计，产生了很好的教学效果，圆满达到了课程思政教学的目的，使学生在专业学习与课程思政学习两方面均有所获，一举两得。现存在的实际困难与问题是教师在艺术教学中面对的是一个个鲜活的个体生命——具有个性的学生，因此，怎样进行课程思政教学、因材施教才是最棘手困难的问题。通过长期的教学实践，笔者深深地认识到只有在艺术教学中深入了解学生，与学生打成一片，才能将心比心、深入浅出地引导学生渐入佳境，让学生经受课程思政教学的引导，在专业学习的同时经历审美的滋养，从而培养学生成为新时代社会栋梁之材。